U0080800

破除考科思維的20堂雙語課

雙語教育

林子斌——著

張錦弘——採訪撰述

本書獻給認同雙語教育重要性的夥伴，
期待我們能走出一條臺灣的雙語教育之路。

目錄

| Part Two

新加坡的雙語教育值得學習嗎？

Part Four
本土雙語教學模式的追尋
臺灣經驗的重要性

Part Five
家庭裡能做的事

推薦序

建構亞洲雙語教育的新沃土

蔡清華——教育部政務次長

　　雙語國家計畫可說是臺灣近年來最受矚目的教育政策之一，聽者的反應大約呈現兩個極端；其一是「早就該如此了，否則臺灣的國際競爭力將不斷被其他國家超越」，其二是「怎麼可能！全國那麼多學校，如何讓所有學生能夠在 2030 年口說流利的英語。」上述此種言人人殊的結果，正好反映著臺灣社會中對此議題的分歧現象。

　　事實上，沒有人會否認提升國人英語力的重要性，而且許多家長早已投注相當多的資源在孩子的英語學習上，可是成效卻不如預期。此點可從每年多益或雅思等國際英語檢測結果，臺灣經常在亞洲諸國敬陪末座可知。究其原因，除了傳統英語教學的重點擺在應試、文法等有關外，缺乏運用英語溝通的環境應該是主要的因素。誠如本書作者所言，由於臺灣沒有被英

語系國家殖民的經驗，缺乏像印度、馬來西亞、新加坡、香港等地有著殖民時期遺留、使用英語作為溝通媒介的社會環境，使得學生的英語在生活上少有用武之地。因此，如何在校園內營造一個友善的雙語環境就顯得格外重要，也是本次雙語國家政策的一項重點。

其次，教育部此次提出的兩大策略：重點領域人才培育與普及提升，則係採務實的方式推動臺灣的雙語教育。在重點領域人才部分，針對一些臺灣尖端產業、涉外事務所需要的重點人才，透過大學校院的標竿學校或學院進行培育，甚至從高中階段即開設雙語實驗班，以厚植未來習慣使用雙語進行專業知識學習的莘莘學子。至於普及提升部分，則透過提供誘因、補助資源、師資團隊增能等方式，逐年增加高中、國中、小學英語課使用全英語授課、部分領域採雙語授課的參加學校數，希望打造更多有別以往僅在英語課有英語的友善雙語學習環境，也因此培育更多有信心使用雙語表達意見的學生。

子斌教授是近年崛起的青壯派教育學者，難能可貴的是他擁有國內（花蓮、臺北）、海外（英國與新加坡）從事英語及雙語教學的實務經驗，回國服務後又投入國內外師培與中小學

雙語教育的教學現場觀察、田野研究，對於雙語教育經常提出極為精闢的見解與具體策略。筆者有幸先行拜讀大作，綜觀全書，具有以下幾項優點：

一、全書行文流暢，用字遣詞淺顯易懂，各種觀點或雙語教學的實作案例隨著子斌教授娓娓道來，如同在聽一場精彩的演講，內容深入淺出，對於雙語教育的定義、策略，以及學校或家庭的實際作法，均有具體的說明。

二、對於學校如何執行雙語教學，作者有著非常詳細的描述，本書彷彿是一本工具書，提出相當清楚的行動方案可供學校按圖索驥，加以執行。

三、具體指出新加坡與臺灣實施雙語教育的先決條件與目標並不相同，因此不適合一味模仿。作者提出的「沃土模式」（FERTILE），亦即「彈性」（flexibility）、「建置環境」（environment）、「角色楷模效應」（role modeling）、「充分時間」（time）、「課室教學策略」（instructional strategies）、「學習需求的分析及差異化教學」（learning analysis and differentiated instruction）、「全員投入」（engaging stakeholders）等七項原則，相當具有參考價

值，可供各校或有意願在家庭進行雙語教育的讀者參酌。

　　總之，這是一本理論與實務兼具、文字流暢的好書，可讀性極高，對於雙語教育有興趣一窺堂奧的讀者，本書值得一讀！

推薦序
齊心走出專屬臺灣的雙語教學模式
林奕華——立法委員

2021 年盛夏，拜讀子斌教授新書，展開一場教育與理念間的激盪。

臺灣正如火如荼的推動雙語教育，子斌教授真知灼見，除提出「沃土模式」七大原則，更參酌魁北克、歐盟、新加坡的經驗，依臺灣現況提出「適性揚才」的英語分級教學，將學生從教室的「客人」轉為具有學習動力的主人，深具參考價值。

臺灣目前的雙語教育環境面臨許多挑戰，子斌教授點出各種問題與可實行的方案，希望透過此書鼓舞更多想投入雙語教育的老師積極向前，並提供推動的參據。最後，誠如子斌教授所言，雙語國家政策牽涉層面廣泛，絕非只在教育領域，還需跨部會齊心努力與投入，方能走出屬於臺灣本土化的雙語教學模式。

In the midsummer of 2021, I had the honor in reading Professor Tzu-Bin Lin's new book, which has launched an agitation between education and idealism.

Taiwan is now vigorously promoting bilingual education like a raging fire. In addition to proposing the seven principles of the FERTILE mode for bilingual education, Professor Lin's penetrating points of view not only referred to the international experiences of Quebec, European Union, and Singapore, but he also proposed a "nurture by nature" graded teaching method, based on the present conditions of Taiwan. He would like to turn students from guests in the classroom into masters with the active power to learn, which has extensive reference value.

At present, the bilingual educational environment in Taiwan faces a lot of challenges. Professor Lin has pointed out various questions and proposed some feasible schemes. Through this book, he hopes to encourage more teachers who are willing to devote themselves to bilingual education to positively move forward, and to use it as a reference for promoting bilingual education. As Professor Lin pointed out, the aspects of bilingual nation policy involve extensively. In fact, the bilingual nation policy of Taiwan is not limited only in the educational field. It needs cross-departmental efforts so that Taiwan can have its own localized bilingual teaching mode.

推薦序

理論、方法並行
有效回應雙語教學現場難題

蔡淇華——作家、臺中市立惠文高中教師

　　行政院於 2018 年 12 月通過國家發展委員會所提的「雙語國家政策發展藍圖」，以 2030 年為目標，將透過「從需求端全面強化國人英語力」、「以數位科技縮短城鄉資源落差」、「兼顧雙語政策及母語文化發展」、「打造年輕世代的人才競逐優勢」等四項推動理念，打造臺灣成為雙語國家。

　　也因此自 110 學年度開始，教育部將在全國 50 所高中增設「雙語實驗班」。然而在教學現場，卻遇到基層教師不小的阻力。「開什麼玩笑？用中文教數理化都聽不懂了，還用英文教？」

　　臺灣亟需一本有理論、有方法、又有細節的書籍，為全國師生解答這些疑惑。臺灣師範大學副教務長林子斌教授甫完成

的《雙語教育：破除考科思維的 20 堂雙語課》，就是臺灣第一本落實雙語教育的專書。

林子斌教授擁有新加坡雙語教學、本土英語教學的實務經驗，而且過去一整年，林教授跑遍全臺上百所中小學，接觸了上千位教師，親授雙語教學經驗。他強調「不盲目複製國外經驗」，並提出適用於臺灣教育現場的「沃土模式」。從釐清雙語教育定義、課堂實作、外師／學科／英語三種教師的角色，到教師的雙語課程如何共備，這本書都有鉅細靡遺的闡述。

林教授在書中教我們如何自編雙語教材、如何先求有再求好，並提醒大家，非考科操作性強，從低年級開始阻力較小等重要細節。更棒的是，書中還提供了新加坡雙語教育的脈絡及現況，以及沉浸式雙語教育、歐盟的語言與內容整合式教學的特徵。對於臺灣有意投入雙語教學的學校及教師來說，極具參考價值。

期待全國師長都可以翻閱這本書，在教學現場與日常生活中培養孩子的雙語能力，讓臺灣的每個學校，來年都成為學生精進雙語的沃土。

推薦序

從雙語出發，共同關心台灣未來

劉安婷——為台灣而教 (Teach for Taiwan,TFT) 創辦人
暨董事長

子斌老師的這本新書，我認為至少有三種人一定要讀：

首先，是教師與家長。時代與教育的樣態快速變化中，再加入雙語的訴求，不論教師或家長，心中的焦慮都不斷加劇。子斌老師在書中不僅專業且務實的提出可操作的定義、原則與方法，同時也溫暖且真誠的從自身同為教師與家長的身分同理並分享個人經驗。在心、手、腦各面向上，讓同樣兼有兩種身分的我，在看完書後都覺得全面的被支持。

其次，是政策制定者。政策研擬是一門科學也是藝術。在「科學」層面，子斌老師不斷強調 evidence-based policy-making（證據導向的政策制定）是很關鍵的素養，也扎實的在書中提供各方證據，以「FERTILE」（沃土）做關鍵扼要

的收斂。在「藝術」層面，子斌老師也提供橫跨不同利害關係人、不同國家與時空脈絡的考量，不論是立場為何的政策制定者，相信都能從其中得到更清晰的指引。

最後，是關心臺灣未來的大眾。影響我極深、有超過50年參與各國公共政策的大學教授曾告訴我：「Language policy is always secondary.」（語言政策永遠是次要的）這句話的意思是，當我們在討論語言政策時，總有更上位的問題是我們嘗試在找共識的，不論是人民的文化身分認同、國家未來期望在世界上的定位，或是在歷史時代發展的叉路上須做出價值取捨；換句話說，是與我們所有人都息息相關的。子斌老師在此書中也特別以深入淺出的語言，幫助更多關心臺灣的人可以走入這個重要的討論中。

個人敬佩子斌老師多年，但主要都是在臺下當粉絲聽眾，或是在不同會議上擦身而過。這次因為新書的出版，重新與老師牽上線，在與他對話的過程中，聊到了他多年持續投注在 TFT 也服務的極偏遠學校，甚至成為該校最了解其英語課程發展脈絡的人；也聊到他畢業後參與 TFT 計畫的學生，對於這位學生的現況、當年求學歷程中的重要轉捩點、甚至最早

選擇讀教育的初衷，他都如數家珍、細細道來。這樣真誠的對於學生的在乎、對於教育現場的接地氣、對於學習本質的擇善固執，也都貫徹在全書中，更是從這位好老師自身的 role modeling（以身作則）開始。能為這本好書推薦，是我極大的榮幸。

臺灣自己走出來的路

藍偉瑩——社團法人瑩光教育協會理事長

　　得知子斌教授要以雙語教育出書的時候，心中第一個想法是「談政策嗎？」這樣是否會太生硬？第二個想法是「會完全說出心裡話嗎？」那這樣應該會有些人不開心。最後一個想法是，以子斌教授從過去到現在的經驗，如果他不寫，我也想不到誰寫更合適了。

　　就這樣打開書的初稿，我發現這本書不僅談政策，更談臺灣從過去到現在的英語教育；不僅談政策，更談臺灣和新加坡的不同；不僅談政策，更談這些年他與學校一起在雙語上的努力。果然，這本書就如同我想的，有理論、有視野、有實踐。

　　與子斌教授的認識要從 2012 年談起。當時我在臺北市和一群國高中夥伴們實踐學習共同體，而子斌教授則是其中一個英語文教師社群的指導教授。每個月，子斌教授會跟這些老師

們共同備課，也會進到教室觀議課。子斌教授過去曾經在高中擔任英語教師，對於臺灣英語教學現場的景況與問題是很清楚的。即使成為教育系的教授，仍持續跟著第一線的老師共同努力，發展課程與精緻教學。當時，我們僅僅在學習共同體的聚會偶遇，卻沒有太多實質的交流。

跟子斌教授有更深入的認識是在 2013 年，我參與潘慧玲教授的「學習領導與學習共同體」計畫，他與我共同討論教師增能工作坊的安排與執行。有幸看著子斌教授帶領著學校團隊，體會學校運作的意義與困境，更了解他將系統思考帶入學校領導與社群運作的目的與作法。也因為這樣的共事與互動，讓我明白他對於學校課程教學領導有深刻的認識，不僅有理論，更有實務作法，使得他在幫助學校推動雙語教育上有了系統觀，不會見樹不見林，更不會只是煙火而無法長久。

2014 年，我擔任臺北市政府教育局中等教育科課督時，因為安排臺北市高中的社群領導教師赴新加坡參訪與入校觀課，特別邀請子斌教授擔任隨團的指導教授。子斌教授回到臺灣任教之前，是新加坡南洋理工大學教育學院的教授，著力於教育領導的領域，對於新加坡的教育特別清楚，無論是教育當

局的運作、政策的推動、學校的實踐、升學的制度、教師的教學與社會的期待等，讓我們的參訪更貼近真實。

之後，我和子斌教授有許多正式與非正式的合作機會。2018 年至今，我們共同協助臺灣各地國中新課綱的跨領域課程發展與實踐。這麼多的互動經驗讓我充滿信心的向大家介紹他的專業和他的書，無論是他對於教育行政與領導領域的耕耘，或是他在英語文教學的實務經驗與長期投入，還有這些年協助不同地區、不同類型國中課程發展的經驗，以及他擁有的新加坡經驗與視野，最後加上他已經在協助學校推動雙語教育的經驗與成果，子斌教授都是一位能從政府政策、學校經營與教室實踐三方面來談雙語教育的人。

這本書從臺灣的英語文教育現況與問題談起，帶出目前教育現場對於雙語教育的許多迷思，並從新加坡經驗來談談兩國在推動雙語上存在的差異，進而盤點臺灣在推動雙語政策上已經或可能遭遇的困難，以及因應之道。最後，這本書也提供了雙語實踐的本土做法，既非打高空的理論，也不是他國理論的轉移，而是子斌教授與現場教師共同發展與實踐的成功模式。

同時，子斌教授本身也是兩個國小孩子的父親，他在最後

一個單元提供了家長在生活中就能夠做的事情，讓雙語不是以學科學習的模式執行，而是透過環境營造與習慣建立，讓英語文的使用成為孩子生活日常。

　　臺灣教育現場存在著不少自國外引入的理論，這些理論或許在提出的國家或場域有了很好的實踐經驗，然而，每一套理論進入不同國家或教育場域都不能是直接轉移。臺灣有非常優秀的教育人員，在教育創新與實踐上有著源源不絕的動力，我們的教師專業與教育品質也獲得其他國家的肯定。我始終相信，臺灣應當走自己的路，更應該有屬於自己的教育理論與方法出現，而子斌老師的這本書也證明了我的相信。誠心向您推薦這條「臺灣自己走出來的路」，一條雙語教育新的實踐路徑。

好評推薦

張明文 ── 新北市教育局局長

　　林子斌教授以豐富的經驗學養，從教育現場、他國脈絡、大眾的偏見迷思等，全方位對雙語教育進行深度剖析，點出臺灣目前雙語教育面臨的困境，並發展適用教育現場的教學模式，實為教育界一大福音。

　　相信本書出版，除可向大眾推廣正確的雙語教育理念外，還能為教育現場夥伴及機關政府，提供有關雙語教育更為明確的指引啟發，讓親師生共同協力，以沃土模式建構屬於臺灣特色的雙語教育，使在地國際化，用雙語擁抱世界。

曾燦金 ── 臺北市教育局局長

　　這是一本理論與實務兼備的雙語教育解惑書。

　　林子斌教授結合新加坡及臺灣的雙語教學經驗，精闢剖析新加坡雙語教育成功因素，以及可供臺灣實施雙語教育的借鏡

之處。書中指出，雙語教育的成功關鍵應為全校全員共同使用雙語於學校生活中，提供學生使用國語與英語的語用機會及學習情境，並清楚定位出雙語和英語老師的角色。書中獨創「沃土模式：臺灣雙語教育的七大原則」，更可為各縣市政府執行雙語教育的參據，臺北市雙語教育的政策規劃及執行與本書提出的許多觀點不謀而合。

王儷芬——臺北市立誠正國中校長

許多教師在投入雙語教學前，常有是不是要全英語授課？或是採用英語比例要 50% 以上？孩子聽得懂上課內容嗎？我的英語發音正確嗎？這些迷思都可以在教授的書中找到答案。

本書真實呈現臺灣英語教育的現場問題，並對推動雙語教育提出確實可行的策略，使得欲實施雙語教學的學校有明確的指引，也讓有熱誠參與的教師更能掌握雙語教學的精神，有信心且願意投入，最終受惠將是我們的學子。

江惠真—— 臺北市立中正高中校長

雙語教育，使教師與學生同時面臨語文工具與學科知識二者互為影響的新學習模式。學校如何起始這樣的歷程，才能使教師順利展開教學、學生因此受益，正是大家面對的課題。

林子斌教授以實際且多面向的例子提出解答，帶領大家探究可行之道。推薦教師及學校課程與教學團隊共同閱讀，以順利開啟並迎接雙語教育的時代。

汪大久—— 明道中學校長

從乍聽 2030 雙語國家政策時的欣然期盼，到看見教學現場的執行狀況，不免憂心忡忡。直到聽聞林子斌教授對於現況的反思，以及對問題的分析和解答，終於看見隧道盡頭的光。

關於如何建構臺灣中小學雙語模式，本書有非常具體的論述。我細讀書中每個章節，豁然開朗，對於推動雙語學校的方向，有高度共鳴。第一線的教育夥伴若能掌握本書要領，相信定能朝雙語學校的康莊大道邁進。

陳浩然—— 新北市立樟樹國際實創高級中等學校校長

子斌教授因長期接觸教育現場工作者，了解教育現場在實施雙語教育時常遇到的關鍵問題，往往能提出解決實際問題的方法或澄清觀念的論述。

欣慰此書能清晰且透徹的描述教學現場的所有問題，並給予良好的建議。這些概念或意見，都有助於教育工作者在制定政策、擬定實施策略和規劃雙語教學時參考，激勵教師投入雙語教育，成為教育創新的典範。

鄭盛元—— 臺北市立東新國小校長

感佩子斌教授，以開山闢土的精神，集結個人學識專業及教學現場的指導觀察，為雙語教育的在地化提供精闢的思考方向與具體的推動實務。

從個人推動雙語教育的經驗，再對應子斌教授所梳理的觀念、原則與做法，不論理論或實踐，本書提供完整的闡述與指導，值得所有關心雙語的教育園丁，在深耕細作這片沃土時，共讀的一本好書。

共同語言與環境
是雙語教育成功的關鍵

從走上教育研究這條道路開始,就很清楚的了解,「教育」學術研究無法脫離學校現場的實踐。

在我返臺任教八年裡,持續參與第一線的教學現場,幾乎全臺各地都有學校曾與我互動、合作。最初的五、六年,大多專注協助學校提升課程領導能量、推動新課綱彈性課程的落實、提供縣市局處關於外籍英語教師聘用與成效評估等。過去四年,多數時間則是投入國中小雙語教學現場。2020 年迄今,進入國中小觀課超過 80 節雙語課,也在各處分享雙語教育的理念與實踐將近百場,寫了超過十篇關於雙語教育的學術論文。種種努力,就是希望能建構一個臺灣雙語教育的「共同語言」,落實我對臺灣雙語教育模式的想像。

從臺北市籌辦第一場在陽明高中的雙語教育論壇開始,我

與臺灣剛萌芽的雙語教育便結下不解之緣。由於具有新加坡南洋理工大學國立教育學院任教的背景，在近四年時間裡我得以近距離觀察新加坡教育。當臺北市教育局和英語輔導團與我討論新加坡的雙語教育時，我就明白指出臺灣與新加坡整體脈絡有差異，新加坡模式可供參考但無法複製，臺灣應該走出自己的一條雙語道路。

新加坡經驗值得臺灣學習的重點有二：首先，雙語推動是改變國內不同世代的語言使用習慣，必須有整體社會環境的雙語化，學校教育僅為其中一環。其次，雙語教育推動無法躁進。雙語是新加坡立國國策，加上李光耀的強勢領導，新加坡投入超過五十年的時間持續調整、滾動修正，才有今天的成果。臺灣教育環境比新加坡複雜，在推動雙語教育的路上，我們一定要比新加坡更小心、穩健的緩步前進。

在陪伴臺北市、新北市的雙語國中小邁向雙語教育的路上，我看到許多充滿熱忱的雙語學科教師與英語教師，在校長與行政同仁的支持下，透過社群共備發展出自編的雙語課程與教學方式，讓我看到雙語教育在教學現場的正向力量。臺灣教師素質高，加上政府與社會大眾對教育高度重視，絕對可以奠

基在本土雙語實踐經驗上，發展出臺灣的雙語模式。我認為假以時日，臺灣發展出的雙語模式絕對是複數形，而非一個模式適用全臺灣學校。

在持續分享雙語理念、到校協助觀課的歷程中，逐漸形塑我對臺灣雙語教育的想法與規劃。過去幾年第一線參與雙語教育的歷程中，我最深的感觸是臺灣面對雙語缺乏「共同語言」。這個現象是由於臺灣社會自由多元，凝聚共識不易，從教育主責單位、各縣市教育局處、各級學校、第一線的教師與專家學者們對雙語都有不同的解讀，造成教學現場莫衷一是。因此，只要時間許可，我從未拒絕雙語教育分享的邀請，不論是幾百人的場合到個位數的聽眾，我都願意前往分享與傳播雙語的理念，期望能建構起臺灣雙語教育的共同語言。

在這個過程中，感謝《親子天下》團隊，願意一起合作出版這本給所有關心雙語教育的人看的一本書。藉由本書的出版，期望透過非學術的方式，可以為建構貼近教學現場的雙語教育論述盡一點力，讓更多人了解雙語教育的內涵。

我很幸運，在推動雙語教育的路上，有一群研究夥伴和我組成團隊，義無反顧的投入教學現場的實踐與改進。當我前往

各地分享雙語、進行觀課的時候，我的太太則扮演「偽單親」的角色，照顧兩位小學階段的女兒，讓我無後顧之憂。花蓮家鄉的父母和哥哥也是我堅實的後盾，為此我由衷感謝。最後，我想謝謝所有在雙語教學路上懷抱相同理念、一起努力的教育行政人員、校長、主任與教師們，你們讓我看見了雙語教育在臺灣的無限可能。

Part One

建構雙語教育的
共同語言

01 | 十二年不一貫的 英語教育現場

　　英語作為世界共通語（English as a Lingua Franca, ELF）的地位，短期內應該不會受到挑戰。也因此在許多非英語系國家，「英語能力之良窳」成為獲取社會、專業與經濟地位的有利工具，更被視為大學及個人擁有國際競爭力的重要指標。換言之，英語能力的好壞會影響社會階級流動的機會，儼然成為一項重要的社會資本。包括日本、韓國在內的東亞國家，都很重視英語，英語學習蔚為風潮。臺灣也不例外，從小學到大學，英語是唯一共同必修的外語。

　　2018 年起，行政院全力推動「2030 雙語國家藍圖」，主要目標正是要提升全民英語力及國家競爭力。然而要落實雙語教育，學生的英語能力必須有一定水準，上課才能聽懂教師講的話。若能先檢視臺灣目前英語教學的問題或不足，進而解決，絕對有助於雙語教育的推動。

中小學英語力雙峰現象嚴重

十二年國教課綱規定，從小學三年級開始教英語，臺北市的英語課甚至從小一就開始，很多孩子更是從幼兒園即接觸英語，到了大一還要修通識英語課。臺灣的孩子們學了十二年的英語，大學畢業之後的英語力，卻無法達到企業要求的門檻。《2018年臺灣大型企業人才國際化及外語職能管理調查報告》顯示，企業要求新進員工的多益（TOEIC）成績為582分，而2017年臺灣的大學生多益測驗平均成績僅514分。

再看中小學生的英語力，「雙峰現象」嚴重。根據教育部國民及學前教育署的統計，108與109學年度參與國中小英語文補救教學學生人數近二十萬人。109學年度國中會考英語科待加強（C）的學生人數比例為26.74%。（見下頁圖）

其中，國中英語的M型化現象不分城鄉，即使位於臺北市蛋黃區的國中也存在英語雙峰現象。七年級英語教師在班上教學時，可能會面對連26個字母都背不起來的學生，但也有某些學生英語講得非常流利，就像外國人一樣。我常到學校觀課，有些國中生的英語腔調真的好到我都嚇一跳，可能是因為

國中會考英語科待加強比例

年度		107		108		109	
精熟	A++		5.33%		6.47%		7.74%
	A+	20.84%	6.23%	22.89%	5.56%	25.86%	9.94%
	A		9.28%		10.86%		8.18%
基礎	B++		12.21%		11.73%		13.02%
	B+	48.39%	12.34%	46.91%	11.98%	47.40%	10.70%
	B		23.84%		23.20%		23.86%
待加強	C	30.77%		30.20%		26.74%	
有效人數（人）		227,040		211,839		206,303	

資料來源：國立臺灣師範大學心測中心國中教育會考網站 https://cap.rcpet.edu.tw/history.html 。其中 107 年數據於 107 年 6 月 8 日發布；108 年數據於 108 年 6 月 10 日發布；109 年數據於 109 年 6 月 5 日發布。

從小在國外生長，或者父母有特別栽培。英語力的差距從小就十分明顯，這與父母的社經背景有關。

到高中階段，除了非常前段的「明星高中」外，英語力Ｍ型化情況同樣存在。以我的教學經驗為例，二十年前我在花蓮市某高中任教，當年的學生都經過考試篩選，但班上四十多位學生有半數不知道名詞、動詞、形容詞、副詞等基本詞性的概念，連 student 是名詞都不知道。這二十幾年來，英語力落差的問題持續存在，甚至更加嚴重。

雙語教育前，先解決三大問題

在臺灣，學生花了十幾年時間學習英語，仍有許多學生基礎英語能力不足。除了大環境缺少英語使用情境，小學、國中、高中三個階段的英語教學，從師資培育、課程內容及教材編寫，到教師實際教學內容都缺乏連貫性。雖然目前是十二年國教課綱，理應十二年一貫，但在現實中，國小、國中、高中這三個教育階段的英語教學，有著明顯的斷裂，導致每個階段都有學生放棄英語。日積月累下來，英語M型化的雙峰現象隨著年級增加而更嚴重，也更難補救。

問題一、缺乏使用情境

除了在學校，臺灣的孩子並沒有使用英語的生活情境。學語言，環境很重要，如果把一個小孩丟到美國或英國，孩子勢必要和當地人互動，時間久了自然會講英語，至於能講得多好則是因人而異。

以我自己為例，爸爸是客家人，媽媽是閩南人，小時候我不會分辨這兩種語言，但我跟爸爸那邊的親戚見面時便很自然

的說客家話，跟媽媽那邊的親戚見面就說閩南語。這凸顯了語言的學習在生活情境下，是最自然、最正常的。

在臺灣，除了學校，沒有太多使用英語的環境。上了大學，學生如果不是念外文、英語等相關科系，多數就回到中文為主的學習，原文教科書也往往有中文版，或直接用教師寫的中文教科書，以至於多數大學生連在學校接觸英語的環境都沒有了。所以，很多非外語科系的大學生反而覺得英語能力最好的階段，其實是高中畢業準備升學考試的時期。

問題二、師資未充分預備

自 1998 年教育部將英語教學向下延伸至小學階段時，因為政策推得快又急，在師資預備上，可能只是讓教師受過短暫訓練、考過某類英語檢定，就到國小去教英語，成效令人擔心。畢竟英語教學是門專業，教師自身英語能力好，不代表能教會學生。英語教學還需搭配教學法的訓練及語言學、語言習得的基本知識，才有可能教好英語，將英語轉化成學生可以吸收的教學內容。

問題三、十二年的教學內容分三階段斷裂

目前國小、國中、高中的英語教學，多數教師是憑著自己過去的學習經驗在教學，不一定認識、理解不同階段的教科書內容，導致國小、國中、高中的英語教學各自為政。

舉個例子，我在臺北帶國中、高中英語教師社群共備課程的過程裡，曾經發現同一個文法概念，國中、高中教師誤以為學生都學過或者未來會學到，所以都跳過不教。與高中教師共備時，高中英語教師說，「這個文法國中學過，所以這裡就不用再講」，認為學生已經會了，直接教授高中新的進度。然而，換成我與國中教師共備課程時，國中教師卻說，「這個文法現在國中不教，以後高中會教。」

當我發現這個現象時，深入了解才知道，原來這些高中、國中教師當年念國中時，這個文法的確在國中出現，是國中英語課教學的內容之一。然而，這些年課綱早已經過調整，教材內容也簡化了，以致有些文法移到高中才教。而對國中教師來說，因為認定教材已經刪除，那麼自然就是留待高中再教了。倘若認真去問這兩群教師，國中教師多半不會看現在的高中英語教科書，高中教師也不一定理解現在國中到底教了些什麼內

容，才會出現前述的教學情況。

弔詭的是，國、高中教師所接受的師資培育都是中等教育學程，也就是說，他們接受的是同一套師培，但到了不同教育階段的學校教書後，卻不會去看彼此的教材。許多教師只憑著過去的學習經驗，覺得這個文法好像在哪裡學過，才會出現漏教問題。更別說，國小和中學的師培制度是不同的兩軌，只有某些基礎科目一樣。國小英語教師與中等教育階段英語教師，兩者在養成過程中學習的內容差距更大，又有多少國中小英語教師認真去理解其中的差異？

不只英語教師的教學斷裂，研發編纂國小、國中、高中英語教科書的團隊，也是三群完全不同的人。這也可能影響教材的連貫。以 108 新課綱的國高中英語教科書為例，國中是以康軒、南一、翰林等三家書商的版本為主；高中則是三民、翰林與龍騰。其中翰林是唯一橫跨國高中的書商，但同公司的英語教科書編輯分屬兩組，少有教科書編輯跨足不同教育階段。因此，國小、國中、高中這三個階段，從課綱、教材的編寫、課程內容難易度的調整，到教師之間對不同教育階段彼此的理解，都是斷裂的，我們如何期待中學與小學階段的英語教學能

十二年一貫？

　　在這般斷裂的情況下，導致前一個教育階段並未替下一個階段建構穩固的鷹架，因此，在進入每個新的教育階段之際，都會有部分學生對新的英語模式與內容感到挫折。日積月累就變成討厭英語，進而喪失學習的興趣，最終放棄學習。

　　今天我們高談雙語教育，但如果學生的基礎英語程度不好，你要他用雙語在其他學科的課堂上進行高品質的學習，恐怕是緣木求魚。所以在推動雙語時，首要之務是先解決上述英語教學的種種問題。畢竟地基沒打好，如何期待能蓋出穩固的高樓？

02 英語分級教學之必要

不知道大家有沒有想過一個問題：為什麼每個臺灣人的英語能力都要很好？事實上，有些人終其一生用不到幾句英語，也可以在臺灣這塊土地上生活。對這樣的人來說，只需要非常基本的英語能力就足夠。

然而，臺灣的英語教育從沒讓學生選擇，從小學到高中都是必修課。不論學生的英語程度，大家都讀一樣的教材，教師都教同樣的內容，而且期待每個學生的英語能力都要能達到一定水準。大家常討論的「會考減 C」議題，不就是這種想法下的產物嗎？

108 課綱的精神是「適性揚才」，也就是說，根據學生天賦發展，以求多元與符合學生興趣。舉例來說，我們可以接受某個學生在美術方面很有天分，但數學很差。然而在英語學習上，我們卻比較難接受有些人的程度就是沒那麼好，而採分級教學或減少必修學分。

　　談到雙語教育，我們經常借鏡把英語當成官方語的新加坡，然而新加坡也有部分人是慣用「Singlish」，和外國人也不一定能用適當的英語溝通良好。這些華語能力好過英語能力的新加坡人，一樣可以在新加坡生活。

允許學生的英語力留在基礎階段

　　以新加坡母語教育為例，華人學生在華語學習時，會區分初、中、高級的能力，並依此分班上課。在新加坡，不需要每個華人小孩的華語都學得很好，也不是每個人都要修高級華語。同樣的，臺灣的英語教學也可分級。如果你國語真的講得比較好，英語有初級或中級的程度，也就可以了。程度真的很弱的初級班學生，就慢慢引導他，讓他具備基礎能力，至少可以跟外國人打招呼，或者當外國人來問路，可以簡單回應；出國時聽得懂機場及機上廣播，也有能力購物點菜。對某些人而言，學好簡單的生活英語，一輩子就夠用了。

　　畢竟，不是所有人都需要像專業人士那樣流暢的使用英語，與外國人溝通無礙。

反觀若有些人的英語從小就很厲害，為什麼還要強迫他學初階、中階英語？為何不能在他國中階段，就讓他跳級學更難更深的進階英語？在檢討英語教學成效時，分級教學是個經常被忽略的問題，值得我們認真思考。

別讓學生成為教室裡的「客人」

適性分級教學的一大優點，是可以維持孩子學習英語的興趣。畢竟有些人英語學不好，可能是因為起步晚、缺乏學習資源、又沒遇到適合的教師，或者開竅比較晚等種種因素造成，適度分級、因材施教，可讓他們重拾自信與興趣。

在當前中學的英語教學現場，有些學生念到國三，連 26 個字母都還背不熟，早已失去學習英語的興趣，光是幫他們把學習動機找回來都很難，但也有國中生的英語能力很好。面對這般學生程度兩級化的班級，要求教師「差異化教學」，談何容易！

以往英語教師受限於班上學生程度的 M 型現象，要顧前段的學生，中段和後段的就聽不懂；先顧後段的，中段和前段

的又覺得教師教得太簡單，導致很多學生在課堂上成為「客
人」。若教師講的真的完全聽不懂，該怎麼辦？將心比心，如
果我們自己就是聽不懂教師授課內容的學生，要坐在教室裡
40 到 45 分鐘，會發生什麼情況？教學現場中，學生聽不懂教
師的授課內容，有些選擇睡覺、看別的書，但也有選擇和旁邊
的人講話，甚至搗亂，教師要花很多力氣管理班級秩序，才有
可能繼續教學。想想看，一個七年級的國中生，第一個星期對
英語課沒興趣，第二個星期還是沒興趣，一年下來，只要聽到
英語，耳朵自然就關起來。我們當然不希望看到學生落入這種
情況。

　　當年我初次教高中英語時，就已在課後進行補救教學。但
若設身處地替學生著想，白天連上七節課已很累了，留校再上
第八節、第九節，補救教學成效自然大打折扣。試想一般上班
族，每天工作 8 小時都喊累，更何況是十幾歲的孩子。

　　相較於課後補救，適性分組教學是「課間補救」，在英語
課的時間依照學生程度進行分組，跑班上課。這樣一來，針
對連 26 個字母都還背不全的後段學生，教師可從頭教他們認
識字母及發音，不要讓他們覺得英語很難，成為教室的「客

人」，早早就放棄英語。針對英語能力強的學生，可以加深教學內容的難度，讓他們覺得有挑戰，也上得更有興趣。

國教署已發現到英語教學的問題點，近年來開放部分國中可以申請英語教學適性分組計畫。過去幾年，我看過位於雙北推動適性分組的國中，教師反應基本上都很不錯，因為學生程度相對整齊，教師可依程度提供適合學生學習的內容，教學上輕鬆許多。學生回應也大多正面，認為終於聽懂英語教師的上課內容。

但有部分家長憂慮，學校會不會因此變相能力編班？這其實很好解決。我有個最簡單的建議，就是讓學校的每位英語教師輪流來教 A、B、C 組，家長就沒話講。教師可採隨機分組，不會有某些教師永遠只教程度好的 A 或 B 組、C 組只找沒經驗的代理教師來教的情形，這樣就不至於形成能力編班，而犧牲英語程度較弱的學生。

我不否認，即使到現在，中南部地區仍有某些學校違規實施能力編班，即使被國教署糾舉，仍應家長要求，執意要做。另一方面，我也看到滿多學校認真推動適性分組教學，提升學生的學習動機。不能因為有可能發生弊端，就說適性分組不是

好事，我們應當要看這個政策是不是利大於弊，適性分組對多數孩子是有幫助的。以我目前看到的情況，即便是分到 C 組的孩子，也不再那麼討厭英語了，因為他發現英語教師在班上講的他都聽得懂。

　　英語課分級再搭配推動雙語教學，更能維持孩子學習英語的興趣。因為雙語教育就是讓學生除了英語課之外，在其他學科或學校其他地方也能聽到英語，例如進校門時聽到校長用英語跟你打招呼，或在學校廣播也能聽到英語，營造隨時都能聽到英語的環境，讓學生有更多機會親近英語，維持學習興趣。因此，對於意在推動雙語的學校，我都會建議先朝提供英語環境的方向來做，增加學生多看、多聽、多講英語的機會。

03 雙語教育不是英語教育

在探討了英語教學現場的種種問題之後，我要強調，雙語教育跟英語教學是「相輔相成、互為表裡」，雙語教學並非英語教學。雙語教育不是要去教單字、文法、句型，而是在教育的過程中，不管教哪個學科，都可以使用兩種語言進行教學。而其中最重要的目的在於提供雙語環境，讓學生可以習慣兩種語言。雙語教育最簡潔的定義就是，在教育的過程中採用兩種語言來進行。

所以接受雙語教學的學生，的確需要一些基礎英語能力，這樣教師才能用英語和國語來教學。然而，今天英語教學的問題不解決，是否就不能推動雙語教學？倒也不是。我們現在推動雙語教學，說不定也會對英語教學有幫助。

以我目前協助學校推動的雙語教學來說，最強調的是環境的提供。所以，讓體育、健教、音樂等學科教師運用雙語進行教學是可行的，但絕對不是要讓這些學科教師變成英語教師，

把學科課程教成英語課。而是在學科教學過程中，運用國語、英語進行教學，為學生提供更多使用英語環境，而不是只有在上英語課時才會聽到英語。

雙語教育若持續推動，那麼十年後的 2030 年，國中小學不只體育、健教、音樂、綜合領域、生活課程等可以雙語教學，理化、數學等所謂主要的考試科目，都可能聽到教師用兩種語言，如此一來，學生身處的校園就是個使用雙語的環境，未來也比較敢把英語當成溝通工具，而非考科。

回歸溝通本質，讓學生至少不討厭英語

我認為「回到語言溝通的本質」才是推動雙語教育的主要目的，至少讓學生不討厭英語，也讓他們理解，英語不只是考科，在生活環境裡都用得到。學習不同語言的主要目的是溝通、增進彼此的理解。我常到學校分享雙語教學理念，多會跟校方溝通一個觀念：如果在初期推動雙語的過程中，能讓學生理解到英語不只是考科，更是日常溝通的重要工具，那麼就算踏出雙語教育成功的第一步。

　　試想今天如果學生進到學校，校長打招呼有時用國語、有時用英語；學科教師有時用國語教某些概念，課室指導時講英語，學生每天處在這樣的環境，就會發現，自己兩種語言都要聽，都要懂。就算英語程度原本很差的學生，起初連「good morning」都聽不懂，但發現校長每天在校門口迎接他時都說這句話，多聽幾次，可能就會理解這句話跟早上打招呼有關。當然，學生在上英語課時，英語還是考科，但學生在校內跟他人溝通時，應該可以比較自在的使用兩種語言，這才是雙語教育能否成功的第一步，也就是要改變學生的觀念。

英語教師非萬能，避免上雙語課教學科

　　學校推動雙語教育時，必須理解雙語教育不是英語教學，不該要求學科教師把學科課教成英語課，同時也萬萬不可要求英語教師去教別的學科。畢竟，英語教師所受的專業訓練是教授英語這個學科的知識與技能，若只因他們的英語比較好，就得去教另外一個領域的專業知識，會出很大的問題。

　　在國小中、低年級，要求英語教師教授生活、自然、健教

等學科領域課程或許還有可能，因為學科概念比較容易，英語教師勉強應付得來。但是到了國中，你叫英語教師去教理化的牛頓力學，即便他可以用英語解釋相關名詞，但他自己對力學的概念可能都不太清楚，如何能教會學生？所以我們在推動雙語時，千萬不能以為英語教師是萬能的，什麼都能教。因為在缺乏厚實學科基礎的專業訓練下，以英語專長為主的雙語教師，很容易落入在學科教學時變成英語教學，卻忽略了學生應先習得學科的知識與素養，畢竟英語能力的增進只是加分。若上雙語學科課程反而犧牲學科知識的習得，那麼不如增加幾節英語課就好。

我認為，執行雙語教學的學科教師，英語程度即使沒那麼好，都還可以補救；比較難養成的，是學科專業知識基礎及教學方法。

在看過不同學校教師的雙語教學，我發現若教師原本就是一個不錯、有經驗的學科教師，要轉成雙語教師的時候，就算他英語沒那麼好，問題反而不大，因為他的學科專業夠強，課堂教學對他來說是家常便飯，唯一要注意的就是多精進自己的英語能力。

根據我過去幾年的觀察發現，許多英語流利的教師轉成雙語教師，在教學科課程內容時容易遇到很大的瓶頸，因為學科仍有其專業概念，短時間不容易補足。例如，要求英語教師去教體育是不容易的，因為體育有運動生理學等專業概念，英語教師無法短時間內吸收並轉化成學生能理解的教學內容。

簡言之，有經驗的學科教師、在提升了英語能力之後來進行雙語教學，相較之下是容易的。真正困難的情況是，英語很好但學科弱、專業性不足的教師，在越高的教育階段，因為背後的學理和概念性越強，這類缺乏厚實學科專業的雙語教師遇到的問題一定越大。就算教師英語授課很流暢，但若概念解釋不清楚，連自己都還沒搞懂，如何期待學生能聽得懂？

我在雙語教學現場常看到英語很好的教師，尤其是年輕一輩的教師，英語不是問題，但學科整個教下來，學生覺得好無聊，聽不太懂教師講什麼，教師也解釋不清楚。甚至在部分縣市雙語教師甄試的現場，遇到許多能夠在試教階段進行十至十五分鐘全英教學的教師，英語十分流利，但我坐在臺下聽不懂他教授的學科內容。

現在的問題主要是，多數縣市在甄選時第一關就是綁英語

能力。換言之，許多雙語學科教師缺，有意報考者，其英語都是有一定程度的，學科專業反而不是甄選教師的重點，這其實有些本末倒置。目前，某些師資培育大學所培訓的雙語教師，有些來自外文或英語相關系所，將來卻可能成為自然、數學或輔導的雙語教師。但是正如前面提到的，英語好不代表專業夠好，他有可能原來是英語教師，只是副修輔導，上課很難像輔導教師那麼專業；若是這位教師原本對輔導的概念就不熟，用中文都不一定講得好，遑論用英語來講。

當然，我們不能否認，有些人的英語能力很棒，學科專業知識也十分充足，但是從現實層面來看，一位專業好且英語能力佳的大學生或碩士生，若選擇到業界工作，其薪水與福利很可能比擔任國中小雙語教師好。像這樣優秀的人才，究竟有多少人會願意屈就來擔任雙語授課的教師？尤其，在教師缺額少、工作量增加、年金被砍且加薪幅度低的情況下，擔任教師早已不如二十年前，是許多高等教育畢業生初入社會從事的工作首選。此外，目前各縣市與國教署對於雙語學科教師缺乏明確的獎勵機制，雙語學科教師所領的薪資與用國語授課的學科教師相去不遠，吸引教師投入雙語教學之誘因是高度缺乏的。

因此，教育行政單位若是一直昧於現實，認為可以透過綁英語能力門檻而招聘到適任的雙語教師，這樣的雙語教學品質是令人擔心的。

簡言之，今天若是一位有經驗的、原本採國語教學的輔導教師，只要增進其英語能力，未來轉成雙語教學，問題通常不大。所以，最好是由輔導教師用雙語教輔導課，由家政教師教家政，而非由英語教師來教。倘若學科教師英語不夠好，可以和英語教師共同備課以補其不足，英語教師應該回歸專業，把學生的英語教好即可。

和英語教師共備、自編雙語教材

推動雙語教學，除師資外，教材是目前較大的問題。雖然說我們不可能等萬事俱備，才開始推動政策，但目前臺灣各級學校基本上是沒有雙語教材的。臺北市在小學端已研發出部分學科領域的雙語教材，但尚未經過現場驗證，絕對不是馬上可用。一份好的教材需要經過幾年的試行與調整，才能被廣為推行。依照國中小最常轉成雙語課程的學科與領域來看，國小

生活課及國中健康教育、體育、音樂等科目是多數學校首選。然而，目前許多雙語教師都是憑著熱忱，加上對專業科目的理解，自行將教學內容轉化成雙語進行授課。缺乏教材是雙語教師目前面臨的最大挑戰。

所謂「不教而殺謂之虐」，要成功推動雙語，學校一定要提供教師增能訓練，採用社群、共備的方式，不讓教師單打獨鬥。例如體育、音樂課要推雙語，可以找英語教師一起備課、編教材，他們非常清楚七、八、九年級學生的英語程度。例如國中小學音樂課教到柴可夫斯基，介紹他的「1812序曲」，會提到拿破崙進攻俄國受挫的這段歷史。說到「戰鬥」時，學生可能還沒學到 battle 這個字，就可改用比較簡單的 fight；提到某件事物「代表」什麼意義時，學生沒學過 represent，就要用 mean 這個字。

我建議，可以幾位音樂教師搭配一位英語教師共同備課。編寫雙語教材時，盡量選用學生學過、看得懂的單字。上雙語課時再請英語教師觀課，避免學科教師講的英語犯下明顯錯誤。至於教師的發音，只要不離譜、學生聽得懂就好，不必太苛求。

　　要注意的是，並非所有雙語教材都要改成全英語，學科核心概念仍要用國語講，但某些核心的專有名詞可以中英對照；不強迫學生背單字，但程度好的同學可以自己背起來。例如國中七年級生物課，有一單元在教授毛毛蟲變成蝴蝶有四個階段，教科書上就可把這四階段的英語寫出來給學生參考。某些延伸活動也可用英語規劃，在教師手冊上寫清楚相關設計細節，這些將有助於教師授課。

　　至於課室英語不用自編教材，目前有不同管道可以找到參考資料，例如牛津大學出版社所出版的《課室英語手冊》（*A Handbook of Classroom English*）或者其他國外出版的相關書籍，可作為參考。另外，國教署也委託國立臺灣師範大學前文學院院長張武昌教授，編寫一份供臺灣國中小教師使用的課室英語手冊。可以預見的，相關的資源未來會越來越豐富。

沒有分數壓力，推雙語有助英語教學

　　雙語教學著重營造語言使用的情境，不作為考科、沒有分數壓力，有助維持學生對英語的興趣，英語教學也能從中獲

益。雙語教學不只對學生好，如果非英語科的學科教師也願意嘗試雙語教學，英語用久了，教師的英語口語能力也會進步。

以目前來說，英語科除外，現在中小學教師在校講英語的機會非常少，一旦推動雙語教學，教師每天在學校都要講一點英語，講久了，以後遇到外國人也會講得比較順。校長、主任等行政人員也一樣，都必須使用英語，因此在教育體系推動雙語，師生及相關教育人員的英語力皆可得到提升。

然而推動雙語國家，絕不能只靠教育體系，公部門、媒體也要跟著配合。就像新加坡，電視臺除了華語頻道，也有許多英語頻道，加上華文及英語報紙。學生等於每天在各種環境中都能接觸不同語言，自然就會知道這些語言是溝通的工具。所以，還是回歸到核心：雙語教育成功的關鍵之一就是營造語言使用的環境。

04 雙語教育也非全英語教學

正如前面提到的，雙語教育是指在教育過程中，使用兩種語言，而臺灣的雙語國家政策，就將這兩種語言規範成國語、英語。所以它既非英語教學，也不是全英語教學。這是在推動雙語教育時，要破解的第二個迷思。

在教育部推動雙語國家的計畫中，和學校教學最直接相關的短期作法包括：推廣中小學英語閱讀、強化中小學英語聽力及口說練習、推動中小學部分領域或學科採英語授課等三項。前兩項主要目的是提升學生基礎英語能力，許多學校早已推行，最後一項與落實雙語教育有較直接的連結，提及部分領域與學科將以英語進行。2021 年 3 月，國教署提出的官方說法是「以運用英語進行藝術、健康與體育或綜合活動等三大領域／科目教學活動為原則」。

由於國教署定調的時間較晚，早在四、五年前，部分縣市對於雙語教育就已提出了不同的詮釋與規範。

以臺北市為例，目前國中小雙語學校的標準便是每星期有三分之一的節數以英語進行，領域則由學校自主決定。然而，這很容易讓不理解雙語教育內涵的教師與家長，將雙語教育視為全英語教學，因為教育部與地方局處的說明，是要求領域或學科以「英語授課」。

甚至，教育部師資培育與藝術教育司（簡稱師藝司）在2018 年 11 月公布的「全英語教學師資培育計畫」，也用了「全英語教學」的字眼，提及要培育高中職以下學校以英語教授各學科的專業師資，並於隔年補助八所師培大學設置「全英語教學研究中心」，這也讓外界把雙語教學和全英語教學搞混。直到 2021 年才請這些中心更名為「雙語教學研究中心」。由此可見，在政策推動初期，就連教育主政單位都缺乏對於雙語教育的清楚認識。

公立學校不可能全英授課

了解公立國中小教學現場的人一定同意，目前要在公立學校推全英語授課的難度非常高，幾乎是不可能的任務，因為學

生英語雙峰現象嚴重。試問，有多少學生吃得下全英語課程？又有多少領域的學科教師有能力全英語授課？畢竟會講英語，不代表能以英語授課，學科教師必須經過適當的培訓與實作改進，才有可能慢慢朝向英語授課。

即使是標榜全英語教學的私立中學，也不見得能落實。這些私校多數區分為國際班與雙語班，國際班學生很多高中畢業就要到英國、美國、澳洲等英語系國家念大學，爸媽可能從小就栽培他們上全美語幼兒園、找英語家教，英語能力已高人一等。但若去看一下這些私校周邊，還是有很多補習班廣告。為什麼？因為即便是這類家庭的小孩，仍有可能聽不懂外師或本國籍學科教師用全英語教授學科內容，所以還是得去補習。這些能夠用考試篩選學生的私校都如此，更何況是公立學校。公立國中小存在的目的不是為服務少數精英，而是服務普羅大眾，讓未來的國民擁有基本的教育水準與素養。

所以我們不該妄想把公立學校變成全英語學校，除非有一天我們的國家政策要比照新加坡，把英語變成官方語言。然而現在並不是這樣的，我們的共通語言仍是國語。目前推行雙語只是希望和國際接軌，提升國人的英語程度，敢講英語，把英

語當成溝通的工具。

我不否認，讓學生處在全英語的浸潤環境，的確可以學得比較快。但現實是，現在國中小即使英語課也很難用全英語上課。例如，教到「使役動詞」這類比較抽象的文法概念，還是要先用國語教會學生，課室指導語或練習活動時才使用英語。

倘若所有學科都全英語上課，面對天翻地覆的改變，部分學生很可能恐懼上學。對那些英語程度差的孩子來說，過去只有上英語課時才會變成教室裡的「客人」，未來恐怕會變成所有課程的「客人」，甚至出現恐學症，對他們很不公平。不過，若一天七節課、一星期約 35 個小時都能接觸雙語環境，上課能同時聽到國語、英語，慢慢累積，學生反而比較可以接受，也會比目前國小每星期一到兩節、國中三到四節英語課還來得密集有效。

雙語教學不應綁定英語使用比例

在雙語教育推動初期，我在教學現場常聽到一種說法，就是一節課必須有 50%、甚至 70% 講英語才算雙語課。這種綁

定比例的作法，也是需要被破解的另一種迷思。

　　稍有經驗的教師都知道，同樣課程內容在不同班級教，教師會依照不同班級屬性、與學生互動的狀態，稍微調整授課進度與內容。對於有意願進行雙語教學的學科教師，難道不應給予彈性？舉例來講，若某班學生的平均英語能力稍弱，教師絕對應該調降使用英語的比例，多用學生容易理解的國語將教學內容說明清楚。反之，若學生英語程度普遍好，教師若八、九成使用英語授課也應該沒問題。

　　臺灣推動雙語教育仍在起步階段，在多數學生的英語能力無法接受全英語授課的情況下，還是切勿綁定英語使用比例，給願意雙語授課的教師、學生更大彈性，才能順利推動。

學科主概念用國語，課室指導語及延伸活動用英語

　　既然雙語不是全英語教學，也不應綁定課堂上使用英語的比例，那麼推動雙語教學時，何時該用國語，何時用英語？

　　如果是讓小學一、二年級的學生接受雙語教育，教學上使用英語的比例可以拉高一些，因為小學低年級滿多課程都在教

生活技能。例如教刷牙，教師只要講「brush your teeth」，搭配用牙刷刷牙的動作練習，英語講得多一點，學生應該還可以接受。

教育階段越往上，會教到越來越多困難的概念，例如國中生物課，一定會學到毛毛蟲變成蝴蝶或蛾的過程，要經過卵、幼蟲、蛹（或繭）和成蟲四個階段，每個階段用到的英語單字都不是國中英語課本裡面會教到的，這時就不用全部教給學生。例如繭的英語是cocoon，國中時期就不會教，應該是到了高中或大學專業課程才會學到這個單字。

簡言之，教師應該用國語把學科主要概念教清楚，課室指導語或後面延伸的活動，可以用英語講。

以課室英語為例，是每次上課幾乎都會講到的慣用語，就像校長在校門口跟學生用「good morning」打招呼，生物教師一樣可以告訴學生：「stand up」、「open your book」、「turn to page twenty」，若班上有些學生聽得懂，跟著教師翻開書，打開第二十頁，旁邊不懂的同學照著做，久了也知道這些話是什麼意思。

再舉另外一個例子，國中理化課會教牛頓力學、數學課會

教函數，這些較為抽象的概念，學生看不到、摸不到。一般情況下，學科教師用中文講述，學生都不一定理解。就算學科教師夠厲害，可以用英語講解，課堂中又有多少學生真正能夠聽得懂？

　　針對這些有難度的學科核心概念，教師應該用學生最熟悉的語言來教，也就是國語。至少未來五到十年，臺灣的中小學應該還是以國語來教授學科核心概念。但若雙語推行二十年以上，大家的語言習慣都改變了，屆時或許可改以英語為主進行教學。然而，至少在現階段不太可能馬上達到這樣的境界。

　　我認為，未來五到十年，臺灣推動雙語的初期，能操作的就是一些日常對話會用到的英語，而非學科的專業知識。畢竟在當前的國中教學現場，多數英語教師還是每天要求學生將單字背完、背熟，在這樣的情況下，很難要求學生額外再去記更多專業的字彙。為了推行雙語而要求學生再背學科專業的單字，恐怕只會扼殺更多孩子使用英語的興趣。

　　回到推動雙語的主要目的，在於提供環境讓學生更自然的接觸英語，把它當成溝通工具。要學生用一個較不熟悉的語言去理解更多複雜的概念，是相當困難的，除非學生的英語好到

一定程度才有可能，而我們公立國中小目前有多少學生的英語
程度好到可以接受全英語教學？相信這個比例並不高。我們應
該以基礎程度來規劃雙語，才是切實可行的做法，千萬不要把
雙語等同於全英語。

　　就算今天有位生物教師程度很好，能以全英語教生物，學
生卻聽不懂，導致學生不僅英語沒學好，連生物的專業知識都
沒聽懂，授課成效就是零。特別是有些英語不好的學生，原本
生物可能還不錯，一旦改成全英語教學，連生物也聽不懂了，
成為英語、生物兩頭空的「雙重弱勢」，豈不是很可憐？我們
不該讓英語變成歧視、分類學生的工具。

05 打造真實互動的雙語環境

　　目前有關國中小推動雙語教育的討論，多數聚焦在哪些領域可以先採用雙語教學，或者一星期上幾節雙語課才算是雙語學校，但這些都尚未觸及雙語教育的核心重點。雙語教育成功的關鍵在於，學校能否真正轉型成雙語環境，讓學生了解英語和國語一樣，都是校內溝通工具，而非考試科目。

　　我要強調的是，雙語環境絕非只是硬體的建置（例如標示全採用雙語，或者在校園張貼一些英語諺語），也不能只仰賴少數英語專長的雙語教師，或是將部分學科改成雙語授課而已。雙語環境必須由校長、主任與教師們帶領，在學校每天日常的不同場合都落實使用雙語。唯有學校團隊提供良好的角色典範（role model）給學生，以身作則成為雙語者，學生才有真正良好的雙語環境，也更能理解雙語的溝通本質。

　　所以雙語教育要成功，絕不能只靠每星期幾節雙語課程，或少數幾位教雙語課程的教師，而是要全校、全員投入，共同

建置可以雙向溝通、真實互動的雙語環境。

　　回過頭來看，今天為何政府希望在不同學科推動雙語教學？就是因為認知到環境很重要，不能只在上英語課時才讓學生接觸英語，學校本身就應該是個雙語環境。換言之，學校若要推動雙語教育，絕不能只仰賴少數教師雙語教學，這會變成只有幾個班學生在幾節課多聽、多講到一點英語，幫助不大。

師長請先開口說英語

　　以較積極推動雙語的臺北市為例，目前規定欲轉型成雙語教學的學校，每星期至少要有三分之一的節數是用雙語授課。以 108 課綱來說，國中每星期大概要上十節雙語課、共 450 分鐘數，還不到 8 小時。一個星期只多聽 8 小時的英語，真的就會進步嗎？這樣的雙語環境遠遠不夠。

　　所以我們要強調，學生在校期間都應該接觸兩種語言，而非侷限在這十節課。這也是為何我協助學校推雙語教育時，要求校長、行政人員及非雙語教師的學科教師也要講英語，不管是用英語和學生打招呼或廣播，讓學生進到學校就是置身於一

個雙語環境。

然而全校要營造雙語環境時，一定會遇到反對的聲音，有些校長或教師會說自己的英語就是不好。其實，這樣的說法是可以被挑戰的：一來我們不是要所有教師都去教英語這個學科，更非要求所有教師的英語都得像英語教師那麼好。再者，108 課綱的目的是希望把學生變成「終身學習者」，但如果教師、校長本身不是終身學習者，連學習使用一些英語都做不到，那麼又如何能期待並要求學生終身學習？

所以學校要推雙語，校長、主任、組長等行政人員跟學科教師應該先開口講講看，不需要講得像英語教師那樣好，學生能聽得懂就可以了，這就是溝通。

學校端一定要先有這樣的概念。營造雙語環境，絕非只是貼貼雙語海報或標示就好了。

我看過許多學校樓梯間都貼著各式英語標語，但學生從來不看。我們要的是有互動、以溝通為主、活的雙語環境，而這才是學校推動雙語教育時該做的第一件事。

從低年級開始阻力較小

如果要在學校推雙語教學、建置整個學校的雙語環境，我認為應該在學生進到一年級、七年級就開始。學生初進國小或國中、邁入新的教育階段之際，最好就身處在雙語環境，有時聽的是國語，有時又聽到英語。

在某些縣市分享經驗時，曾有人跟我反應，多數縣市的學生是小三才開始學英語。但是別忘記，雙語教育並非英語教學。現階段的臺灣，雙語教育主要是提供語言使用的環境。因此小一、小二的學科教師進行雙語教學時，無需教學生英語，而是提供雙語的環境，讓學生習慣學校裡存在著兩種語言。

我建議，在推動雙語教育的國中小學，所有教師都應該用課室英語（用英語打招呼或下指導語），讓學生在任何課程中都會聽到兩種語言，只是比例多少有異。在那些施行雙語教學的學科裡面，教師用英語的比例就可高一點。舉例來說，像「stand up」這類課室指導語，小學生持續聽一兩個星期就知道你在講什麼了，其他像是「pay attention」這些用語，孩子聽久也會知道意思。七年級的學生更是沒有問題。

因此若是國中小要推行雙語，建議從一年級、七年級開始做，而且要整個年級、所有科目都用課室英語。例如在國中的數學課，若教師設計活動教學生畫表格，中間的指導語就可以用英語講，包括直線應該怎麼畫，可以讓學生慢慢練習，甚至接下來要用這個表格做什麼活動、基本指令或做活動會用到的一些話語，教師都可使用英語來傳達。只有國文課可豁免，還是用國語授課。

不只教師，學校從校長、主任到組長等行政人員，平時也要和學生說些簡單的英語，例如鼓勵表現好的學生時，盡量說「well done」、「good job」。只要稍加訓練、經常使用，應該都能琅琅上口。

06 幼兒園該不該推雙語教學？

　　為配合 2030 雙語國家政策，教育部於 2020 年 10 月預告修正「幼兒教保及照顧服務實施準則」草案，擬刪除「不得採全日、半日或分科之外語教學」的現行條文，改為「不得進行以精熟為目的之讀、寫、算教學」。此舉引發幼教界強烈反彈，認為這等於放寬幼兒園業者的英語分科教學，無異是讓現階段違法教英語的私立全美語、雙語幼兒園就地合法，恐將對幼兒學習發展產生不利影響。

　　教育部在隔年 1 月回應強調，推動學前英語的政策方向沒變，依現行幼教課綱及實施準則規定，並未完全禁止幼兒學外語，但應以提供幼兒接觸、體驗及探索外語的機會為目的，由具備外語能力的教保人員採「統整不分科」的方式融入教學，而非全日或所有課程都以外語教學。教育部指出，將參酌各界意見，納入後續研修條文，並持續發展英語融入幼教活動的合宜模式及教學示例，並整體規劃教師增能等配套。

到底英語教學該不該從幼兒開始？雙語教育又該從何時期開始較合適，才不會揠苗助長、適得其反？

打破「英語越早學越好」的迷思

首先我要強調，不要迷信「英語越早學越好」的論調。小孩早接觸英語，未來可能講英語比較不會有口音，但若論及語言的精熟度，就不一定是越早學越好，因為所謂的「精熟」不是只有發音跟聽力而已。

英語要講得漂亮，就要懂得用一些貼切的字詞，或以精簡的字表達複雜的概念，這其實需要長時間的訓練。舉例來說，我們到朋友家作客，發現他的家裡雖然不大，但是很溫暖小巧、很精緻。有些人會說「Your place is small, but it looks nice.」但也可以說「Your place is cozy.」

這一代的孩子，有的從幼兒園就開始學英語，也許比較敢講，但用錯的比例也變高了。老一輩的，寫出來的英語或許還比較能看，新一代可能更常使用口語化的英語，但正式的作文或學術論文絕對不是像說話般的毫不修飾。

　　「語言學習有沒有關鍵期？」這個問題當年被提出來的時候，就只是一個假說，沒有任何直接證據可以證明，在幾歲的時候提供語言浸潤有助於很快學會這個語言。近年，反而有許多腦神經科學的研究，證明語言學習或許沒有關鍵期。

　　有學者曾針對一群 60 歲的人做測試，對照組是一群處於語言學習關鍵期的小孩。作法是提供他們相同程度的外語輸入，然後測試兩群人腦中語言學習區的活性。結果發現，當語言程度輸入夠的時候，兩組語言區的腦活性是類似的。也就是說，大腦對於語言的運作沒有太大年齡差別，處於關鍵期的小孩，腦語言區的活性沒有更好。

　　像我這一輩四、五十歲的人，多數都是上國中才開始學英語，也沒有學得比較差。學習英語是否越早起跑越好，其實是種迷思，家長的擔心恐怕大過於小孩。更有很多家長的心態是，自己有什麼地方不足的，希望下一代能彌補過去的缺憾。

　　事實上，太早讓孩子學英語，可能提前扼殺了他們對英語的學習興趣。何況臺灣現在還沒有一個好的雙語環境，讓小孩去讀全美幼兒園又如何？小孩可能口語會講一點，但英語精熟的程度真的就會變好嗎？如果沒有持續輸入語言材料，孩子

不會因為在關鍵期先學，日後英語就會變得比較好。我們應該把眼光放遠一點，現在開始推行雙語，是希望十五、二十年之後，我們能有一個比較健全的雙語環境，讓下一代可以自然的使用兩種語言。

合格適任的雙語師資難覓

所以我滿認同多數幼教界學者專家的看法，幼兒階段應先把國語學好，不宜急著把英語放進幼教課程。更何況目前幼兒園也缺乏合格的英語師資。

前面提過，當初英語教學向下延伸到小學時，因師資不足，已進用過一批訓練不夠扎實的教師，影響教學品質。現在全國要推雙語教學，國中小又開始招聘能用英語授課的教師。若幼兒園再加進來，我們真的有那麼多稱職適任的幼教雙語教師嗎？

在缺乏良好配套的情況下，臺灣不用急著再把英語教育向下延伸到幼兒園。幼兒的人生還很長，應該讓他們更輕鬆、快樂的學習，沒有必要再加入這麼多知識性、語言技能的課程。

我們應該相信幼教專家的看法，順著孩子的發展，不如多訓練他們的小肌肉，再教一些基本生活禮儀。

另一個要注意的是，現在很多雙語或全美語幼兒園引進的外籍教師都非合格幼教師，切莫只因他們講的母語是英語，就認為他們一定會教英語。如同雖然我們會講中文，但也不能隨便到國外教中文一樣。這是兩回事。

尤其對象是幼兒，需要更多耐心和特別的專業訓練，因為幼兒的認知能力不如大人成熟，倘若幼兒園找了不適任的外師來教英語，說不定會讓孩子更早出現被外師責罵、甚至處罰的創傷經驗，反而提早扼殺了他們學習英語的興趣，甚至痛恨英語。這是我們應該認真思考的事。

Part Two

新加坡的雙語教育
值得學習嗎？

07 新加坡雙語教育的脈絡及現況

　　要提升國家競爭力，國民語言能力的優劣是重要因素之一。不論全球國家競爭力或大學的世界排名，新加坡都居領先地位，成功推動雙語教育功不可沒。已故的新加坡前總理李光耀在他 2015 年出版的回憶錄《李光耀回憶錄：我一生的挑戰新加坡雙語之路》中指出，新加坡勞工因接受雙語教育而具備良好的英語（第一語言）及華語（第二語文）能力，正是助其提升國際競爭力的關鍵。

　　當我國政府啟動「2030 雙語國家藍圖」時，不論中央或地方政府皆以新加坡為借鏡對象。例如臺北市長柯文哲便曾公開指出，他推動雙語教育的理念與靈感來自 2016 年到新加坡參訪所得。當時新加坡的教育部長告訴他，雙語教育是新加坡成為國際城市的關鍵。

　　然而不論從歷史脈絡或雙語的概念來看，新加坡推動的雙語教育都和臺灣目前推動的雙語教育，有著本質上的不同。貿

然參考複製新加坡的作法，恐怕會有很大盲點。我們應該審酌國情來規劃雙語教育，而非全盤移植國外制度。

多元文化社會，英語為共通語言

新加坡是由華裔、馬來裔、印度裔等三大族群組成多種語言、多元文化的國家。其中華裔占比最大約七成，馬來裔約兩成，印度裔近一成。

18 世紀，英國將新加坡變成其殖民地，設置自由港，新加坡各族群便以殖民統治精英所使用的英語為共同語言。李光耀曾提到，新加坡自 1965 年獨立後，基於政治及經濟因素，決定以英語為全國共通的工作語言。直到 1987 年，才確定全國各級學校（少數特選學校除外）皆以英語為第一語文、母語為第二語文的雙語教育制度。

新加坡把英語和三大族群使用的華語、馬來語、坦米爾語（Tamil），共列為官方語言。然而，英語以外的三種語言僅具有各自族群共通語的地位，功能是傳承族群文化、維繫族群交流，提供文化上的歸屬感，增強人民的自信和自尊，不像英

語可作為族群間的共同語言，社經地位因此遠低於英語。

不過新加坡的國語其實不是英語，而是馬來語。因為新加坡獨立前曾是馬來西亞聯邦的一部分，獨立後雖仍維持以馬來語為名義上的國語，例如新加坡的國歌是以馬來語唱的。李光耀曾在回憶錄清楚界定新加坡各種語言的功能：「在新加坡，國語是象徵性的，只在國歌歌詞和軍隊發號施令中使用；英語是工具語言，是獲取英語世界知識的工具、『謀生的工具』；母語是文化語言，傳承傳統文化的價值觀。新加坡的國情決定了新加坡的雙語政策。」

建國初期，新加坡政府致力推動雙語教育，面臨許多挑戰。其中之一便是華人社群對於使用華語（普通話）與原生家庭內的母語（例如福建話、客家語、潮州話、廣東話等），究竟何者才應該是新加坡華人的母語？

華人從明清時代就已移民到新加坡，過去由潮州會館等不同民間團體設立自己的中小學，華校、英校長期並存，但華校不見得都用普通話教學，學生在家裡也可能講不同方言。我們現在通稱的「國語」，是在 1912 年中華民國建立後，票選出來的國家語言，很多新加坡華人其實不太會講普通話，也不一

定認同這是他們在家慣用的「母語」。因此新加坡華人講的方言太多元，解決之道就是統一讓華人在學校的母語課學華語。好處之一是讓仰賴國際貿易的新加坡，更易於和後來崛起的中國進行溝通。

政府的雙語政策造成家長心態改變，是華校轉型主因。因為政府將英語做為第一語言，對新加坡人來說，若想取得更好的社經地位，勢必要精通英語。華校畢業生在以英語為主的社會，就業方面有其難度。1987 年，新加坡的教育體制完成全英語化，從小學到大學，教學媒介語言與教材使用的語言都以英語為主。新加坡的華校至此畫上休止符，多數改成以英語教學為主。但是，新加坡在李光耀主導下仍保留少數特許學校，而這些學校可以留存華文的傳統。

1956 年創校的南洋大學，也面臨同樣困境。它曾是東南亞僅有的華文授課大學，培育出許多優秀的華文人才，但在新加坡政府以英語為第一語言的政策下，對南洋大學的授課語言進行各種干預，1965 年曾建議更改為英語授課。在整個社會以英語為共通語的政策下，講華文的大學畢業生更難找到好工作，南大最終也於 1980 年併入新加坡國立大學。隔年，政府

雖然在南大校址成立南洋理工學院，並在 1991 年更名為南洋理工大學，但都是全英語教學。自此，新加坡的高等教育就把英語當作唯一教學語言，和以英語為主要語言的全球學術環境接軌。

新加坡雙語 vs. 臺灣雙語

歷史的發展造就新加坡特有的語言政策。英語是新加坡四個官方語言之一，卻不屬於任何一個主要族群母語的語言。新加坡的雙語教育，也並非單純只代表英語與華語，而是把英語作為「通用語」，三大族群的母語作為「目標語」。

對新加坡而言，選擇前殖民母國的強勢語言做為國家的通用語相當合理。對內，英語是不專屬於任何種族的「中立語言」，可以「安內」，避免得罪任一族群，促進和諧；對外，英語是國際外交、經貿的共同語言，可推動新加坡國際化、提升國際競爭力。

新加坡的中小學生都要上母語課（小學的品格與公民教育課也運用母語進行教學），數學、歷史等其他科目則都用英語

教學，讓學生在課堂吸收知識的同時，也因經常使用英語而熟悉英語。

以小學為例，小一、小二每星期總課時約 26 小時，英語、母語的語文課約 7 小時，各占每星期上課時數的四分之一，另外四分之一的課時為數學課，其他科目占四分之一的時數。小三至小六的語文課時會逐漸降低，而增加自然科。至於中學，每所學校都能依學生興趣、能力開設不同課程。一般來說，學生每星期上 3.5 至 4 小時的母語課，而公立學校主要的教學語言是英語。

從歷史脈絡與雙語定義來看，臺灣推動雙語教育的理念和新加坡並不相同。首先，臺灣從未被英語系國家殖民，目前的第一語言（即通用語）是國語，新加坡則是英語。臺灣除了缺乏殖民背景所提供的英語環境，更缺少像新加坡雙語教育政策中將英語做為第一語言的嘗試，無法像新加坡一樣建構實質的雙語環境，包括政府公文書、出版書籍、大眾傳播媒體等，皆以使用英語為主。

其次，雙語教育的定義兩國也不同。臺灣代表的是「國語」（通用語）與「英語」（目標語）；新加坡則是「英語」

（通用語）與「母語」（目標語）。在新加坡上英語課，類似臺灣上國語課，不只教文法、句型，還要教使用語言的技巧、用字精熟漂亮、賞析文學等；而臺灣的英語課則是用國語來教學生熟悉英語，類似新加坡用英語教母語課的情境，都是用通用語來教目標語。

新加坡雙語政策中的母語，主要價值在於維繫族群認同與文化保存。在各級學校全面轉為英語教學之前，政府於 1978 年提出「特別輔助計畫」（Special Assistance Plan, SAP），對 28 所華語小學提供額外設備，並調派優秀英語教師到學校任教。同時，新加坡政府從 14 所優秀華文學校中選出 9 所作為「特選中學」，錄取新加坡小學離校考試（Primary School Leaving Examination, PSLE）成績最優秀的 8% 學生，雖仍維持英語做為教學語言，但學生須修習高級華語。

換言之，在特選中學裡英語與華語同是第一語言。新加坡教育部給予學校特別輔助措施，包含設備較佳、優先提供優秀與有經驗的教師，縮減班級學生數。1999 年開始，在小學離校考試中，選考華文且排名是前 30% 的學生，選擇特選中學

時可獲額外加分。由於招生素質佳且學校接受特別輔助，讓特選中學比其他學校更具競爭力。

雙語教育的成效，除了改變新加坡國民對語言的態度，更重塑新加坡人在家戶內使用語言的版圖。根據新加坡教育部30 年來對小一新生家庭用語的調查報告顯示，以英語為家庭常用語的華族小一新生人數不斷攀升，從 1980 年的 10.3% 增至 1990 年的 26.3%，到 2004 年更以 47.3% 首次超越華語，成為主要的家庭用語，並於 2011 年上升至 61%。

學生難精兩種語言，改推分流制度

李光耀曾提到，新加坡推動雙語教育的理念，是希望讓新加坡人成為融會東西文化的公民，但他也承認，即便是通曉多種語言的個人還是只有一種優勢語言，英語強華文就弱，反之亦然。根據學者研究，雙語教育政策的推行讓更多新加坡人的第一語言由母語轉為英語，成為小學生思考的語言。

1979 年，新加坡政府公布的《吳慶瑞報告書》指出，雙語教育在新加坡推動二十年來（1959-1978 年），近三成學

生無法適應雙語教學的環境，其餘學生雖適應但無法同時精熟兩種語言。報告書最後提出，現階段教育系統不符合學生的需求與能力，因此未來在中小學階段應實施「分流」制度，依據語言與數學成績，將學生分成不同的教育管道，接受下一階段的學習。分流體系共分為 EM1、EM2 與 EM3 三種，而分流依據為英語（English, E）與母語（Mother tongues, M）。EM1 學習者以英語和母語作為第一語言；EM2 的學生以英語為第一語言、母語為第二語言；EM3 的學生則學習更為簡化版本的英語和母語。

　　新加坡的雙語教育雖提供教育與經濟國際化的環境，但在語言的使用、認同與文化保存等層面上，能說雙語教育政策真的成功嗎？那些將華語也當成第一語言的特選學校學生，雙語的掌握能力較好，在東西文化間的遊走能力也可能較佳，但對於非精英的一般學生，在分流與分組的語言教學環境下，雙語教育並未能達到充分功效。

　　然而，這種情況並非是負面的，因為就新加坡教育部的立場來看，這正是因材施教，不是所有學生都需精熟兩種語言，而是視學生自身能力培養其對母語的使用度，才是合理作法。

　　之後，新加坡的雙語教育還歷經數次改革，包括自 2008 年起廢除小學教育分流制度，讓小四學生依據自身的母語、數學和科學程度，選擇各科不同難易程度的課程。透過科目分班的制度設計，幫助學生適性學習，並有助於教師的教學。

　　新加坡更預計於 2024 年全面廢除現行中學教育分流制度，未來將不再有分流分班制，取而代之的是「學科分組政策」（Subject-Based Banding），將不同小學離校考試成績的學生混合編班，取消在中學依成績分流的制度。

　　隨著中國大陸快速崛起、華語全球地位日漸顯著之際，為提升新加坡華人的華語能力，新加坡政府也與時俱進，自 1992 年起陸續推動幾項華語教育改革，包括強調因材施教、差異化教學、學以致用等，以期提升華語教學的成效。

08 新加坡經驗 臺灣可複製嗎？

　　臺灣推動雙語教育的政策目標，主要期望能透過雙語教育的推動讓臺灣更加國際化、更具競爭力，這和新加坡推動雙語教育之目的有類似之處；再加上新加坡與臺灣一樣，都是華人為主體的社會，借鑑新加坡超過半個世紀的經驗，有許多值得臺灣仔細思考的地方，或許可作為臺灣認真討論雙語教育的一個起點。

並非所有人都需精通雙語

　　首先，從個人談起：是否所有臺灣人都要成為雙語的使用者？所有學生都學習一樣的雙語教育內容，還是讓學生有自由選擇的空間？新加坡特選中學的設立與因材施教的作法，為臺灣提供了很好的答案。

　　新加坡雙語教育政策的主要推手李光耀曾經明白指出，受

限於個人能力，多數人無法將兩種語言達到同樣精熟的地步。臺灣在推動雙語教育時，或許應該給師生及學校更大彈性，循序漸進且依據學習者的能力分級教學，不再重蹈覆轍、加劇M型化的雙峰現象。

其次，新加坡即使在當年有許多英校的教育環境下，仍耗費二十多年的時間，才將各級學校的教育體系轉換成以英語為教學語言，之後仍不斷與時俱進改革雙語教育政策，幾乎花了超過半世紀才有如今成果。臺灣從未有過英校的殖民歷史傳統，推動雙語政策初期對於雙語也未明確界定，在部分縣市已有既定立場之時，於 2021 年才正式啟動雙語教育在公立學校體系中的實踐，更面臨著如何與縣市端整合對雙語學校的作法與推動策略的問題。

未來，若真要將英語轉變成第一語言，更是件耗時、耗力、耗經費的重大工程，效益未必能如預期，因為雙語的推動不僅是為了教育未來的國民，也是一個改變數代臺灣人語言使用習慣的政策。

即使臺灣政府只想把英語當成第二官方語，也要謀定而後動，三思而行。現階段我國推動雙語國家政策，是以 2030 年

為目標，在短期內打造臺灣成為雙語國家，提升國人英語力，增加國家國際競爭力。至於是否推動英語成為第二官方語，則要於 2030 年後，視雙語教育政策推動的成效，再行研議。

師資培訓不能輕忽

第三，從師資培育的效益來看，新加坡推動雙語教育，包括母語教師在內的所有中小學教師，都是經過師資培育、實習合格的正式教師。若要教授母語，非相關科系且無母語能力證明者，在師資生甄選階段，就要先通過新加坡國立教育學院舉辦的入學考試，再接受母語教學及一般教育科目的專業訓練。

反觀臺灣，從當年英語教育全面向下延伸至小三，到國小必修本土語言、將七種東南亞新住民語列入必修選項，師資培育的步伐往往沒跟上政策的腳步，導致部分未經完整培訓、沒拿到合格教師證者也投入教學，嚴重影響成效。這次政府推動雙語教育，師資培育萬不能輕忽，尤其不應強迫沒意願的教師，在未經培訓的情況下就被趕鴨子上架。

公校試辦雙語教學，挑戰教育公平性

第四，從教育公平與精英教育的角度來看，若是臺灣僅選取部分公立學校試辦雙語教育，極可能發生新加坡特選中學的情況，讓公立雙語學校成為培養精英的搖籃，加劇入學及升學競爭。臺灣一向重視的教育公平與正義勢將受到挑戰。

從國教署推出的政策來看，雙語教育在國中小將是普及性的提供，全國各地的雙語國中小數目會持續增加。以雙語教育正式啟動的 2021 年來看，不納入各縣市自行補助的雙語國中小，國教署在 22 縣市已補助 200 所國中小，在至少一個學科或領域推動雙語教學。未來，每年將以增加 100 所國中小為目標。依此增加速度，到 2030 年時，全臺三分之一以上的國中小將有雙語教學的學科領域。若再加上各縣市自行加碼補助的學校，數量更有可能接近一半。

到了高中、大學階段，雙語教育的走向會朝向重點培育。根據 2021 年公告的「教育部國民及學前教育署補助擴增高級中等學校雙語實驗班計畫」，將在全國 513 所高中職選出 50 所成立雙語實驗班，每校提供高達新臺幣 400 萬元的經費補

助。期望在 2030 年，全臺灣將有 140 所高中職有雙語實驗班，朝向以更高的英語比例進行學科授課。

這些具有雙語實驗班的高中是否成為新型態的明星高中？雙語班會不會變成國中畢業生就讀的首選？在了解新加坡推動雙語時學校教育發生的改變，臺灣在制訂相關政策時，必須思考雙語的推動如何能拔尖且扶弱。

語言政策攸關國家認同，應審慎評估

第五，從教育國際化的角度來看，在臺灣提供英語教學的環境後，就有可能如新加坡那般吸引國際學生前來就讀嗎？答案並不確定，因為對英語使用者來說，新加坡是整個社會環境都十分友善。臺灣若要達到像新加坡這樣的教育國際化，必須將整個社會環境轉成英語為第一語言。這對國家體制（甚至將影響文化與認同）來說，將是件龐大的改造工程，難以一蹴可幾，也恐吃力不討好。

語言教學往往跟一個人的文化及國家認同有關。以前新加坡華人在家多講母語，自從新加坡政府將英語當成第一語言

後，現在很大比例的華人在家也講英語，導致國家認同日趨薄弱。新加坡政府為此在 2011 年大力推動國家認同教育。可見更改語言政策將對未來的國家認同有重大影響，需要審慎思考評估。

雙語政策與新課綱不同調

最後，從推動雙語教育的漫長過程，可以看出新加坡政府經過縝密規劃、適時調整，以符合國家需求及社會脈絡。反觀臺灣，一方面希望透過雙語教育提升學生英語力，但又在剛起步的 108 課綱刪減了國中英語教學時數，從每星期四節課減為三節課，明顯是本末倒置的作法。雙語政策與課綱不同調，恐讓第一線教師無所適從，徒增政策的阻力。

新加坡是個城市國家，國土面積大約為新北市的三分之二。與臺灣相較起來，國家小的好處在於政策推動時面對的差異性較小，而且中央政府直接管制，由上而下推動時，其階層不像臺灣還多了縣市層級。李光耀曾明確指出，新加坡的雙語政策是他一生的挑戰，在其回憶錄中提及新加坡的雙語政策還

必須持續修正。新加坡走過五十多年的雙語漫漫長路，提醒臺灣在推動雙語教育時必須有心理準備，雙語政策絕對需要超過十年以上的努力。此外，新加坡面對學生語言程度不同而採取的分級教學制度，絕對值得臺灣教育當局審慎思考，在英語教學上應改採適度分級，讓學生能有更適性的學習。

Part Three

雙語教育
在教學現場的挑戰

09 雙語師資不足是最大問題

　　雙語教育的師資是否充足，絕對是當前中小學實施雙語教育的最大挑戰。

　　雙語學科教師到底該具備哪些能力？在學校推動雙語教育時，英語教師該扮演何種角色？師資培育大學如何培育職前雙語學科教師？對於現職學科教師，如何有效的提供增能，使他們有能力承擔雙語教學任務？外籍英語教師的引進，真的能解決臺灣雙語教育目前師資不足的問題嗎？

　　主責單位在推動雙語教學時，上述有關師資及教學的問題都應先一一釐清，以免政策空有美意卻無法落實。

　　為此，立法院在 2021 年 4 月 26 日舉辦「雙語課程列入國民教育法、高級中等教育法政策評估」公聽會，聽取教育部及各方意見。教育部次長蔡清華在會中坦言，師資是國中小階段推動雙語教育的最大挑戰。政府預計投入 65 億元，培訓中小學師資，除將於 2021 至 2024 年增聘 300 多名外籍英語

教師，也將全面提升中小學師資質量。目標是 2030 年共培育
1.5 萬名雙語師資，全國中小學英語課都採全英語教學。

　　不過有立委表示，全國 3,600 多所中小學，目前才 2,300
多名雙語教師，平均每校還不到一人，就算到 2030 年增為
1.5 萬人也恐不夠。未來國中小階段若要普及，依照政策十年
長期的規劃，至少需要 3 萬名具有雙語能力授課的學科教師，
才有可能基本維持雙語學校中每校至少一個學科領域以雙語進
行教學。若要增加學科領域，雙語教師數量勢必要往上增加。

　　此外，各教育階段都有校長反應教學現場雙語師資不足的
大問題，以及目前缺乏鼓勵在職教師進修雙語教學的誘因，建
議未來開放教師公費進修，修畢雙語教師增能或取得雙語專長
的教師應該給予較高待遇。

有缺額但聘不到雙語教師

　　雙語學科教師好招聘嗎？如同我在前文所提目前臺灣整體
師資培育的困境，教師這個職業對年輕世代的吸引力已經不若
二十年前，再加上雙語教師同時需要專業與至少 B2 等級（相

當於全民英檢中高級通過）的英語能力，具備這樣優秀能力的年輕人還有多少願意投入教職？這些都是我們在思考雙語教師甄選時不該忽略的現實。

以最早辦理雙語教師甄試的臺北市為例，自 108 學年度開始招聘國小雙語學科教師，109 學年度加入國中階段的甄選，整體狀況如下表：

108-109 學年臺北市國中小學雙語師資甄選情形

學年度	108	109	
教育階段	國小	國小	國中
甄選名額	33	60	31
報名人數	37	30	34
錄取人數	14	8	15*
錄取率	42.4%	13.3%	48.3%

* 實際報到為 14 人

可見缺額雖多，但實際錄取的雙語教師數量有限。熟悉國中小教學現場的人一定都清楚，現階段很少有縣市在國中小教師甄試能夠一次開出這麼多缺額。有缺但聘不到雙語學科教師是普遍的情況，連首善之區的臺北市都如此，遑論其他縣市。

臺北市長柯文哲在接受媒體訪問時，也直言臺北市雙語教育的推動，目前最困難的就是：建置數量充足的雙語學科教師團隊。

英語課全英授課，可行嗎？

最讓中小學師生憂心的是，未來國中小英語課都將採全英語教學，然而教學現場的現實是，國中開始有不同的文法教學，國中生真的有必要知道助動詞是「auxiliary verb」、關係代名詞是「relative pronouns」嗎？關係代名詞連用國語解釋都不容易，何況是以全英教學！

曾有政大附中英語國際特色班學生在公聽會中表示，班上數學教師曾以全英語教學，但多數同學聽得很吃力，108 課綱上路後，高中生除了要完成學習歷程檔案，未來還要新增本土語言課程，「學生已經夠忙了」。此外，各行業對英語的需求不同，有些人一生根本不會用到多少英語，盼教育部讓學生適性發展。

學科教師獨力授課最理想

雙語教學到底該由誰教，最能達到教學成效、也最可行？以我的觀點，絕對是以現職有經驗的學科教師進行增能培訓，最能夠在短時間內上手，因為這些教師已經有充分的學科教學經驗，班級經營、師生互動也不會是大問題。

另外，根據我的研究與教室觀察，以臺灣國中小的現行人力與經費來估量，課堂雙語教學不脫以下四種類型：

1. 由本國籍學科教師獨力雙語授課：這是雙語教學最理想的方向。學科教師具備學科專業與雙語教學知能，能夠獨力教授學科雙語課程。雙語教育推動時間越久，學校端應該要以這個模式為主。舉雙語推動較久的臺北市為例，目前多數雙語學校皆採取這類作法，但前提是學科雙語教師要和英語教師共同備課。

2. 外籍教師獨力全英語授課：若學生聽得懂，當然也可以，但聘一位外師的人事成本通常是兩位本國籍教師的加

總，成本太高，不太可能大量引進，現階段無法在公立學校全面推動，只能侷限於學生英語程度都很好的少數學校。但是，就算這位外師是國外合格的教師，也不一定了解臺灣的課綱，且多數外師不具備雙語能力，更遑論期待外師能理解臺灣教科書內容。

3. 本國英語教師與本國學科教師協同授課：這是目前最常見、最可行的模式。學科教師在進行雙語教學初期，通常對英語授課能力信心不足，若有英語教師在旁協同教學，一方面可以增加學科教師的信心，另一方面可避免學科教師把錯誤的英語帶給學生。此外，共同教學的兩位都是本國教師，對臺灣教學現場的理解比較接近，合作阻力會少很多。

4. 本國學科教師與外師協同授課：我很不推薦，因為兩者不容易溝通，產生誤解的機會多。我長期審查部分縣市國中外師申請計畫，曾經看到有計畫中規劃由一名外師和四個不同領域的本國籍學科教師合作，我想這個外師一定

無法久留，因為太辛苦了。一名外師要提供英語教學給學生，還要與四個不同領域教師共備雙語課程，試問，一名教師如何了解四個不同領域的專業？我認為，讓外師和本國英語教師合作即可，外師的引進應該主要在協助英語教學，而非跨足到雙語教學。千萬不要以為外師會是臺灣雙語教育的解方。

三種雙語教育的實踐者

雙語教學的目的在於，提供學生一個經常使用雙語溝通的環境，所以不應只有一小群教師、在少數幾節課才進行雙語教學，最好的模式是全校教師及行政人員都能參與，只有在建置雙語環境時，各自扮演不同角色。

在目前推動雙語的教學現場，根據教師對於雙語的想法、執行意願的高低，學校內的教師可分為三類，各自在雙語教學任務中扮演不同角色：

願意投入雙語教學的學科教師：國語、英語使用時機要抓好

對於有意願進行雙語教學的學科教師來說，首先要注意的是：整個學期的教學過程中，課室英語一定要貫徹使用，提供學生基本雙語的環境。根據我與臺北市雙語學科教師長期合作的經驗，若教師每節課都使用課室英語與英語指導語，一節雙語學科課裡至少有兩成的教學語言是英語，這就是雙語教學初期教師可以把握的基本盤。

其次，以前學科教學都是以國語為主，現在改採雙語教學，但過於抽象或者屬於學科的核心概念仍應用國語講清楚，至於其他延伸活動、學習單、課堂中的活動則可用英語進行。

例如，健教教師在教七年級學生「傳染病的預防」這個單元時，對於傳染病的認識與預防的基本概念，可以先用國語教學生，搭配介紹傳染病的英語名稱（但毋需要求學生一定要背這些單字）。教師可以將傳染病的中英名稱寫在黑板上，方便學生快速參照。當然，健教教師可以先帶學生唸這幾個傳染病的中英語名稱，確定學生在教師講述內容時能夠聽得懂。接著，出六道簡短的英語情境題，讓學生和六種傳染病配對，增加用英語學習的機會。學習單以英語為主，利用異質性分組

（同一組裡有英語程度較佳與稍弱的同學），讓組內成員互助，以利於理解學習單的內容，每組可選擇用國語或英語回答教師的問題。

此種雙語教學操作成功的前提在於，要有良好的雙語教師社群。健教教師事先需與英語教師共同備課，確定這些情境題用到的英語單字，七年級學生都已學過、看得懂。教師教到這六種傳染病時，要在黑板或教材上寫出英語病名，可中英對照，讓學生很自然的運用兩種語言，這樣語言才會變成環境。千萬不要強迫學生背起來，以免變成英語教學。

在雙語的課堂中，教師必須允許學生使用兩種語言，甚至創造讓學生能有「跨語言實踐」（translanguaging）的機會。雙語者的重要發展不在於英語能力可以提升到多好，而是能在兩種語言中有良好的轉換。落實到教學現場，當雙語學科教師以英語提問，學生不論以英語或國語回答，只要答對，都是可以接受的。

教師應切記，不可在兩種語言中創造位階的高低。過去幾年我在學校進行雙語教學觀課的過程中，常看到教師為強調英語的重要，常會以加分方式為獎勵，若學生以英語回答就加兩

分，用國語回答卻只加一分。雖然立意良善，但長久下來會給學生一種潛在的影響，以為講英語比較優越，可得更多分數，無形中在兩種語言之間創造高低區隔。

雙語教育的推動絕對不是要強化英語的地位，而是讓學生體會到兩種語言都重要，都是日常溝通可以自由選用的語言。

無意願雙語教學的學科教師：落實課室英語的使用

不可諱言的，在教學現場一定會有部分教師只想教好學科，暫時缺乏運用雙語教學的意願。教師們的想法沒錯，因為目前政策上對於運用雙語進行學科教學的教師缺乏誘因。有意願的教師，我們應該給予肯定，但是對於缺乏願意的教師也先別苛責。主政單位不該期待要教師「做功德」，秉持教育愛去進行比原來學科教學還困難許多的雙語學科教學。

但若問這類教師，英語重不重要，相信絕大多數都覺得很重要。學校端不妨鼓勵這類教師，不需要做到像教雙語的學科教師那樣，以雙語進行學科教學，但可以運用課室英語，給予學生基本的雙語環境，從而交付相較簡單並可執行的任務。這樣小小的努力，就可協助建立更好的英語溝通環境，讓學生知

道在這個學校兩種語言可交換溝通使用。值得一試！

英語教師：別教其他學科，有三個重要角色需扮演

學校推動雙語教育，千萬不該強迫英語教師去教英語以外的學科。我有個學生是國小合格英語教師，曾在臉書發文寫道：「最近的新挑戰：要教數學！你們可以開始笑了。」要求英語教師去教其他學科，真的會讓教師們哭笑不得。

特別是國中數學，在目前使用國語授課的情況下，國中生成績都出現明顯的雙峰現象，倘若任由不熟悉數學知識或數學教學法的英語教師來教，等於是將另一個雙峰現象嚴重的英語，作為雙語數學授課內容的媒介之一，可以預見將加劇學生數學程度的落差，甚至影響原本對數學有興趣的學生。

英語教師的專業就是把英語教好，不應該讓他們教別的學科。同樣的，也不要叫其他學科教師來教英語，尊重專業絕對是雙語教育能順利推展的關鍵之一。

雖然英語教師不該教授其他學科，但他們在雙語教學上仍可扮演吃重角色，以下分項說明：

1. 經驗分享者：早在雙語國家政策出現之前，全臺灣的英語教師早就累積了豐富的雙語教學經驗，尤其是國高中的英語教師們。大家不妨回想一下，過去你國中時期的英語課，英語教師教文法、句型，是用國語還是用英語教？其實都是用國語。這就符合學科專業概念用國語教的雙語教學定義。這批有雙語教學經驗的英語教師，可以告訴忐忑不安、要教雙語的學科教師，雙語教學是怎麼進行的。例如英語課最重要的核心概念是時態等文法，教師會用國語講解，學生聽清楚了，再用英語練習講、練習寫，這就是「延伸活動」。英語教師若能分享自己的教學經驗，學科教師會放心很多，不會誤以為雙語教學就是全英語教學。對學科教師來說，雖有其學科專業，但要用英語講出來，還要讓學生聽得懂，實在不容易。雙語教學並不是要教師把學科專業全都用英語講，而是用學生懂的語言、也就是國語，清楚講授核心概念。即便是英語課，面對現存嚴重的雙峰現象，我再次強調現階段不宜以全英語教學。

2. 專業發展者：學校要建置雙語環境，不能永遠仰賴外部

專家或外師來幫教師增能，英語教師想必是學校裡英語程度比較好的一群人，這時就可請英語教師協助校長等行政人員及學科教師提升英語基本能力，包括課室英語的介紹與練習、英語發音的改進、校內日常使用英語的時機與內容等。

3. 專業陪伴者：現在教師不能再單打獨鬥，尤其 108 新課綱要求跨領域合作，英語教師正可扮演適當角色。例如七年級的體育或音樂教師若要執行雙語教學，可能不清楚學生的英語程度，這時就可以和英語教師共同備課，準備雙語教材。不過，英語教師絕不能淪為「翻譯機」，把學科教師的教案翻譯成英語。比較好的做法是，學科教師先把教案規劃好，包括中英語如何使用，再由英語教師協助檢視有無明顯錯誤。若學科教師信心不足，英語教師也可在旁協助教學，避免教給學生錯誤的英語。例如，資訊教師在課程開始時，要求同學打開電腦，課室指導語講成「Open your computer!」這明顯犯了中式英語的錯誤，協同教學的英語教師便可提供正確說法，將「open」改

為「turn on」，避免學生誤用。此時資訊教師就成為學生學習語言的重要典範，凸顯了即使是教師講英語都可能犯錯，但願意改進與學習。共備、協同教學結束，英語教師也可提供專業意見，協助學科教師修正雙語教學。

10 外來和尚不一定會唸經

　　政府推動雙語教學，一直很強調引進外師。雖然外師在語言使用、對其母國文化的熟悉度上占有優勢，但也有流動率太高、難融入當地文化脈絡、無法和本國教師協同教學、缺乏雙語轉換能力、無法同理學生面臨的問題與需求等缺點。因此我必須呼籲：外師可以在英語教學或雙語教育中扮演輔助角色，但不應成為主力。

　　臺灣並非首度推行雙語教育，早在 2002 年民進黨政府第一次執政、杜正勝當教育部長時，便曾推動過「挑戰 2008：國家發展重點計畫」，其中第一個子計畫就是「營造國際化生活環境、提升全民英語能力」，可見當時對於英語能力的重視。

　　雖然計畫文本沒有正式提到，但許多政府官員在媒體發言時，皆強調要讓英語變成臺灣的「準官方語言」，這個宣示的方向就有點類似推動雙語國家，也正式開啟了臺灣招聘外師之

路。如同日本、韓國、香港等鄰近地區,在「挑戰 2008」計畫後兩三年,由教育部主責推出引進外師的政策。

在此之前,臺灣也有招聘外師的幾種非官方管道,至今都還存在:一是由補習班聘任,只要是外國人,不管來自哪個國家、種族、膚色或職業都可來臺教英語,沒有任何資格限制;二是私立學校進用的外師;三是某些縣市透過民間基金會引進的外師,例如金車文教基金會為回饋地方,早年就幫宜蘭引進「英語史懷哲」的外師。

上述三種管道都沒有限制外師資格,唯一規定就是「來臺只能教外語,不能教其他科目」,但主要管制對象是公立學校,對私校約束力有限。

合格外師才能進公立學校體系

事實上,國教署對於外師引進是有明確規範的:必須是某些以英語為母語的特定國家,如英、美、加、紐、澳、南非等,也規定這些外師在國外一定要是拿到證照的合格教師,但不管教的是哪一科。可能在國外是具備合格數學或音樂教師等

教師資格的人，但可以來臺教英語。這類外師至少接受過教育基本專業課程，了解班級經營及教育發展心理學的知識，肯定比沒受過任何教育訓練的外師好。

相較日、韓、港等東亞國家，臺灣是唯一官方如此嚴格要求外師資格的國家。我高度贊成教育主政單位的嚴格把關，單憑這一點就應該大力鼓掌。在日、韓，若外師是合格教師，甄選時會加分，但若不是也可在公立學校教授英語。

畢竟英語教師是門專業，在臺灣，要先有大學以上學歷，中學教師要再額外修 26 個中等教育學分，小學教師要修 40 個學分，通過教師檢定考試，再經過半年實習，千辛萬苦拿到教師證，確保有英語教學的專業，再透過供過於求、競爭激烈的教甄進到學校。

經過如此嚴格訓練的合格英語教師，都不能保證教得好英語，若只是個會講英語的外國人，完全沒接受過專業教育訓練，連班級經營、課程設計都不會，如何確保他們會教英語？更何況外師薪水還比本地教師高。因此，外師必須是國外合格教師的這項規定，非常值得肯定、讚許，教育部絕對不該任意取消。

受到臺灣給外師薪水不若日、韓、港等地的條件限制，過去每年符合教育部外師聘用標準政策引進的外師數量，大約每年維持 60 至 80 人，且流動率偏高。2020 年，教育部長宣示將外師數量提高至 300 位，以利雙語教育的推動，可以預見臺灣的外師數量會越來越多。

中師外師協同教學問題多

過去我曾進行過外師聘用相關的政策研究，於 2015 到 2017 年期間，在科技部專題研究計畫的經費補助下，進行外籍英語教師聘用的成效評估。

在臺灣 22 個縣市中，106 學年度國、高中合格外師人數最多的縣市，其實不是臺北市，而是新竹市，共有 54 名。新竹市教育經費多，加上很多在竹科工作的家長特別重視外師的資格。第二名則是新北市的 34 名。最後，我選擇了新北市作為外師研究的對象，主要原因是新北幅員遼闊，有雙和、板橋等都會區，也有「非山非市」等中間區域，以及金山、萬里、烏來等靠山或靠海的偏鄉，有點像是臺灣縮影，可觀察外師在

不同類型學校的教學情況。

當時所接觸的 34 名新北外師，其中我曾前往觀課的有 27 名，訪談外師、合作的本地教師、教務主任或校長等業務承辦主管。我發現，引進外師在某種程度確實達到改變英語教學現場、引發新的教學改變、增進跨文化理解等正向的成效，但我從研究中也發現一些問題，例如許多外師不習慣臺灣學校的運作模式，不願共同開會、備課，讓學校很頭疼。有些學校反應，部分外師不上課時就離校，不理會學校希望外師留下開會或共同備課的要求。此外，本國籍教師對於外師參與課程討論也感到焦慮，因為大家就要全程講英語，徒增困擾。

此外，學校引進外師的本意是希望和本國教師協同教學，協助專業發展、甚至編纂校本教材，然而有些外師只想到亞洲國家住一兩年，然後離開，並非都對教學懷抱熱誠。

以新北市為例，英語課要分一節出來給外師，導致英語教師常抱怨進度上不完，因為多數外師不了解臺灣的英語教材及課綱。除非先做了很好的共同備課，否則不太可能讓外師教課本內容。再者，外師有沒有課程設計能力也是個問題。

有些學校的做法是，把英語課本的會話單元交給外師，讓

他們跟學生練習會話。然而每星期只有一節課,效果可想而知。有些學校乾脆放手不管,外師那節課想上什麼就上什麼,自由規劃主題,例如萬聖節、耶誕節活動,讓學生了解這些西洋節慶的內涵。

外師和本國教師協同教學時,也會出現幾種狀況。最常見的就是兩者根本沒有協同,外師自顧自上課,本國教師在旁邊翻譯或管秩序。原因可能是外師不希望別人干涉,且若沒有共備,如何期待協同教學能教得好。也可能是本國教師太客氣,覺得這是外師的課,自己在課堂上出現就好,頂多是在學生聽不懂時幫忙翻譯、管秩序,而非做好協同教學。

外師不該成為雙語教學的主力

我曾觀過 27 名外師的課,的確有幾位外師與本國籍英語教師協同教學良好,但比例實在太少。整體來看,外師對英語教學多少有些幫助,帶給學生不一樣的選擇及刺激,但無法完全取代本國教師的角色,只能輔助。英語教學主力仍應是校內既有教師。

　　如今，政府不只希望外師協助英語教學，也要協助雙語教學，為此要新聘 300 多位外師。對此我的立場很清楚，就是外師幫忙英語教學就好，千萬不要來干涉雙語教學。

　　原因很簡單：有多少外師是雙語者、會講中文？我的確遇過會講中文的外師，因配偶是臺灣人，才來臺定居。但多數外師沒有中文能力或懂的中文非常有限。若本身不是雙語者，如何能夠協助雙語教學？

　　雙語教學的目標，除了是提升英語環境及學生的英語使用率，也希望學生能在兩種語言之間流暢轉換，而非只有英語達到精熟。若外師本身無法在中英語之間轉換，又如何期待他們能教會學生？

　　此外，外師和會說英語的本國籍英語教師協同教學，都不一定做得好，如何奢求與學科教師能做好協同教學？因為外師可能不會講中文，學科教師的英語能力又不一定好，如何把學科知識解釋給外師聽？

　　外師上英語課，至少是教他的母語，難度比較低。若他在國外是音樂教師，在臺灣卻要和體育等其他學科教師協同教學，等於要跨好幾個專業，難度更高。我們為何要做這種事？

基於前面這兩個理由，我衷心建議，外師還是和英語教師協同處理好英語教學的問題即可。外師當然可以提供學科教師、英語教師專業建議，但絕不該成為雙語教學的主力。此外，外師仍可提供英語環境，例如學校要辦聖誕節活動，就讓外師出來講，但不要強迫外師和本國籍的學科教師合作雙語教學，由本國學科教師跟英語教師合作即可。

總之，英語教學跟雙語教學應相輔相成，外師若能協助教好英語課，對雙語教育仍有間接幫助。

11 推動雙語時 學校該注意的事

學校建置雙語環境絕不能只靠教師，校長以下的行政人員也要扮演角色，校長尤其重要。例如在一些大型的校內集會上，校長致詞時，除了國語外，也可穿插講一些簡單英語。行政人員也要比照校長，在大型集會或日常打招呼時使用雙語。例如校內廣播經常用到的「各班班長、學藝股長請到教務處」等常用語句，就可以用英語來說。

除了扮演角色典範，校長及行政人員另一項重要任務就是：要做雙語教學的強力後盾，給予學校教師共同備課的時間與空間。

108 課綱強調跨領域教學，也賦予國中彈性課程、高中多元選修及校定必修課程的彈性空間。而雙語教學其實就是跨領域教學，備課絕對比一般學科難且花時間。除了思考學科知識，教師還要顧及如何妥善使用雙語，增加學生使用英語的機會，同時兼顧學科知識的學習。

提供誘因，鼓勵社群共備

　　教雙語的學科教師，最好和英語教師共同備課，這需要校方的支援，提供共備課程的空間與時間。教育部最好能找熟悉雙語教學的學者專家或有經驗的雙語教師，訂出相關的教案格式或教學原理原則，讓教師在備課時有所指引，而非各行其是。以臺北市為例，光是雙語教學的教案格式就有好幾種。

　　例如某學科教師跟英語教師要共同備課，但兩人的授課及空堂時間不一樣，這時校方就應介入設法排課或調課，找出兩人都空堂的時間及適當的空間，甚至提供簡單的點心、飲料，讓他們共同備課。能在舒適且安心的環境中備課，相信教師也會更認真教學。

　　對於剛入職的雙語教師，學校要給予時間及耐心，允許他們慢慢進入情況，了解學生，然後據此發展出可操作的雙語教學模式。最好能找到有經驗的資深教師，以師徒制的模式帶領教師成長。

　　針對有意願投入雙語教學的現職教師，學校應協助尋找校內英語教師或校外專家，為這些教師增能、加強英語能力。教

育部或縣市教育局處也應建立獎勵制度，讓願意雙語教學的教師酌量減課，並給予協同鐘點費。

　　大約十年前，「學習共同體」的概念引進國內教育圈，透過社群共備、觀課、議課，使得教師專業發展得越來越好。學校推動雙語教學時，也可採社群共備的模式，不要讓教雙語的教師單打獨鬥，畢竟要用雙語教音樂、自然、數學、歷史等學科，要備好一個單元、一個學期的課，歷程漫長且辛苦，團隊合作將更能事半功倍。

　　例如英語教師在參與共備時，可協助檢視教案的英語有無錯誤；實際雙語教學時也可參與觀課，提供專業意見。待教雙語的學科教師逐漸上手後，英語教師的角色就可慢慢淡出。

雙語社群運作該注意的事

　　校內雙語社群的目標與運作基本原則，與一般社群類似，當然需要社群成員間對於雙語有共同語言，具備充分互信並彼此尊重。此外，有幾個特別之處需要注意。

　　首先，雖然雙語教育的實踐主力落在學科教師身上，但是

雙語教師專業學習社群的組成必須有至少一位英語教師。因為，學科雙語教師會知道學生在該學科的程度與學習特性，可是通常不會知道學生的英語程度。英語教師可提供這方面的資訊給學科教師，以利提升雙語教學時的語言準備度。

其次，在學校教師人數許可的情況下，雙語社群最好是由領域相近的學科教師組成。若校內願意進行雙語教育的學科教師來自音樂、綜合、健體等領域，那音樂領域教師搭配一位英語教師，就是一個雙語社群，而健體與綜合可以各成一個社群並搭配英語教師。盡量不要讓一位英語教師搭配數個領域，造成英語教師負擔過重。

雙語社群不可將英語教師當作翻譯機。學科教師必須奠基在英語教師提供的相關資訊上，獨力產出雙語教案，再由英語教師提供專業的諮詢與協助，不可只寫中文教案而要求英語教師將其轉成雙語教案。

最後，一般社群成員共備時多是在處理課室內的教學實踐改進，但是雙語教育的成功與否則奠基於良好雙語環境的建置。因此，雙語教師專業學習社群必須與校內行政緊密合作與互動，若是部分行政同仁可以加入，將會更有效益。

家長也要說雙語

　　雙語教學要成功，不只校長、行政人員及教師要扮演良好的角色典範，對成敗影響最大的其實是家長。如果在家就說雙語，孩子自然身處雙語環境。學校縱有雙語環境，學生一回家又是全國語或母語，效果難免打折扣。

　　我曾建議學校，利用晚上開班，請英語教師為家長提升雙語能力，教授家庭常用英語；甚至有家長會長在運動會時用雙語致詞，絕對有很好的宣示效果。

　　要提醒的是，千萬不要講完一段英語後，就全部自動翻譯成中文再講一次。一旦孩子預期你永遠都會再用中文講一遍，他就不會認真聽你講英語。講完幾句英語之後，應該用中文講別的事情，切莫彼此翻譯，也不要講中英夾雜的「晶晶體」。

12 雙語師資到位前師培教授也應受訓

推動任何一項教育改革或政策，在第一線接觸孩子的教師永遠是成功關鍵。所謂「良師興國」，教師素質應受重視，絕非空話。

如今政府推動雙語教育，想透過師培大學培養可用雙語教授學科的教師。不過坦白講，雙語政策雖已推出，師資其實尚未完全到位。當然，也不是非要萬事俱備才能開始推動政策。例如若要音樂教師用雙語上音樂課，先決條件是教師的音樂本科必須要夠強，知道如何把專業知識轉化成教學，讓沒學過的人可以理解，英語只是加分項目。這需要很多技巧，要搭足夠的鷹架才能讓學生學會音樂知識。

其他學科教師也一樣，生物、數學教師要能把學科的基本概念轉化成學生能聽得懂的語言，而不是自以為講得很清楚，學生卻聽不懂。這就是學科專業，其實很不簡單。

執行雙語教學的教師，除了本科的教學專業要夠好，也必須了解雙語教育的本質，切莫以為雙語教學就是全英語教學。這是在師培機構受訓階段，就要有的正確觀念，以免將來任教時走偏了方向。

在職學科教師將是未來五年主力

目前雙語教學的師資培育管道有兩軌：一是職前培育，二是在職訓練，後者較佳。以國中雙語教師為例，職前培育是甄選沒當過教師的師培生，必修 26 個中學教育學分，再外加 10 個雙語教育的學分，學分修畢後可加注雙語專長。這類雙語師培生初入職場，無法期待他們已百分之百準備好，因為各校都有不同情境和要求，往往要經過幾年的引導及磨合才能上手。

畢竟對一個初出茅廬的菜鳥教師而言，用雙語教學科，除了要兼顧學科專業及語言，讓不同程度學生都聽得懂，還要能有效管理班級秩序，壓力其實很大。所以甄選雙語師培生，學科專業教學、基礎語言能力都要合乎標準，然後再來訓練雙語教學能力。如今，往往只要本科系畢業、英語能力通過門檻就

可申請，反而忽略了學科教學能力。

多實作，少理論

對於完全沒教學經驗的師培生來說，只修 10 個雙語教育的學分其實不夠。建議師培大學，不必強調太多理論，但需懂得雙語教學的基本概論、知道兩種語言的轉換代表什麼、會講課室英語，以及了解什麼是「多模態」（multimodality）教學。例如音樂教師要教學生怎麼拆裝直笛，除了透過英語講解，也可同時示範操作，那麼學生即使聽不懂英語，光看教師的動作也能大致了解。此外，雙語教師也可上網找圖片或動畫，幫助學生理解，這就是多模態教學。

我認為雙語教育的 10 個師培學分，至少把一半的學分拿來實習、實作，讓學生「做中學」，包括觀摩及練習寫教案、到優秀的雙語教師課堂上觀課。多看、多試教，再由專家給意見，從錯誤嘗試汲取經驗，這樣才能快速上手，而非枯坐在教室聆聽雙語理論或教學策略。

雙語師資的第二個來源，是甄選現職教師在職訓練。這些

教師的教學意願本來就比較高，可預期他們會比較認真、表現更好；加上他們本身可能就是很不錯的學科教師，嫻熟專業概念，也有班級經營能力，只要加強語言能力，通常比師培生更快上軌道。這群教師才是未來推動雙語教育的主要師資來源。

師培教授實務經驗不能少

雙語教育的師培制度要成功，還有另一個關鍵：師培機構的教授不能只會教理論。即使教授本身沒有雙語教學的經驗，也應該到教學現場多觀摩雙語教師怎麼上課，再回過頭來教師培生。

國內師培制度有個很大的問題，就是師培機構裡很多教授本身缺乏教學經驗，連用中文在國中小進行教學的經驗都沒有，更別說雙語教學。事實上，臺灣目前連一本雙語教學的教科書都沒有，倘若師培機構教授只看過兩三本香港、新加坡或美國的雙語教學書籍，沒有真正教過或觀摩過臺灣的雙語教學，如何落實教學理論？

以我自己為例，過去曾在臺北市龍門國中、誠正國中上過

雙語課，光是 2020 年就觀過五、六十節雙語課。放眼臺灣近 70 所師培大學，尤其是那些非師範、教育體系的綜合型師培大學，很多教授沒有國中小現場教學經驗，甚至連教學現場的觀課都甚少進行，只能照著教科書講，難免有隔靴搔癢之憾。

國立臺灣師範大學師培學院的教授多數有國、高中的教學經驗，近年來更積極推動教授的「臨床」制度，讓教授們親臨教學現場，看看第一線的教師怎麼教、用什麼教材，可惜申請現場觀課的教授太少，因為比較累，也無助升等。

另一件讓我憂心的事是，可能有部分師培大學請來有全英語授課經驗的教授，來教導師培生如何進行雙語教學。問題是，全英語教學和雙語教學不同，這些教授在大學課堂全英語教學所用到的英語字彙、引導學生搭的鷹架，都有別於針對國中生的教學，不應一概而論。

師培大學不能永遠脫離教學現場，單憑想像來教師培生。例如要教師培生如何用雙語教數學，不能淪為教英語，畢竟國中生光是把英語課本裡的單字背起來都很難，更別說要他們再多背和數學有關的單字或名詞。雙語教學只是提供學生多聽、多講英語的環境，讓學生越來越習慣使用英語。用雙語教數學

的教師，不需要求學生死背加減乘除的英語怎麼講，一旦教師在課堂上講過 50 遍、100 遍，學生自然會記住。這就是環境的力量。

　　政府推動雙語教育，不只第一線教師要增能，雙語教學中心的師培大學也要培訓教授，幫他們增能。若是指派完全沒經驗的教授來教在職教師如何教雙語，教師會聽教授的嗎？在師培機構負責雙語教學的教授，即使沒有實際雙語教學經驗，至少要觀過課，甚至到國外參觀過雙語教學，找出在臺灣可順利操作、學生也吃得下的教學模式，才能教給師培生真正能派上用場的技能。

　　以新加坡為例，政府每年都會定期選派中小學校長、主任到國外觀摩教學。我過去在新加坡南洋理工大學國立教育學院任教時，就曾帶團到香港參訪，看到香港的「貴族」英語學校用全英語上課，課本也是全英語，學生都沒問題。我也到過不是那麼貴族的學校，看見教師用學生聽得懂的廣東話教全英語教材，讓學生先把學科學好。

　　總之，師培大學不能仰賴只會英語教學的教授來教雙語教

學，因為兩者不論教學內容或取向都不同。英語教學教的是英語的專業技能，雙語教學則是創造環境、讓學生習慣使用兩種語言溝通，應當先用學生熟悉的語言教會學科核心知識。英語只是加分，不能本末倒置，犧牲學科知識。

13 疫情停課時 雙語教育不停歇

　　2021 年 5 月，在疫情嚴峻的情況下，全臺學校都受到影響而停課。為不影響學生學習的權益，線上教學成為合理有效的選擇。

　　無論教師採用同步（師生同時上線，如平常一般上課，只是場所換到 Google Meet、Microsoft Teams 等線上平臺）或非同步的線上課程（教師預錄內容，學生自選時間觀看），只要學生有設備與網路，都可接受教師的教學。這也是全球學校在面對 COVID-19 疫情而需停課時，多數會選擇的替代方案。

　　在教師不停課、學生不停學的時候，我的教學採用線上進行，對雙語教育的參與也不間斷。在全臺停課前答應的雙語觀議課，後來皆改為線上觀議課。雙語教學的觀議課跟一般線上教學一樣，有同步與非同步的選項，然而學科的雙語教學改成全線上課時，有哪些優點與挑戰？雙語學科教師在進行線上教學時，又該注意哪些重點？

線上教學彈性高

首先，線上教學的優勢在具有高度彈性，因此成為疫情下無法實體上課時的替代方案，具有同步與非同步的選擇方式，學生的學習型態與時間會有更大的空間，教師教學的內容可重複播放，即便是同步上課，教師也可透過錄製功能，在上完課後將錄影提供給學生，以利學生複習。

其次，一般認為線上教學很難掌握學生學習狀況，但其實不然。以同步的線上教學為例，我一定要求學生在線上教室時必須打開視訊。由於線上平臺的特性，當學生視訊打開時，多數甚至全部的學生都有可能出現在螢幕上，以往在教室裡教師一次只能看到部分的學生，但現在全部學生都在螢幕上，某種程度來說更容易一次看到學生們的反應。而非同步的線上教學，通常就是以預錄搭配作業或任務的形式，也較無班級經營的問題。

再者，線上同步教學時，若能善用平臺提供的訊息與分組功能，會是教學的好幫手。教學過程中，教師的訊息可以傳給全體同學，也可私訊單一同學，這讓教師在給回饋時更好運

用。同學回答教師問題時，也可以善用傳訊的功能，以免因同學搶著回答而造成線上音訊過於複雜。此外，若線上分組運用得當，使用某些線上平臺的教師也可以分別到各組聆聽討論，效果不輸給實體上課。

　　線上教學雖然有前述優點，但我必須指出，它仍無法完全取代實體教學。因為某些面對面才能進行的教學活動，例如很多教師在指定同學回答問題時，喜歡在課堂上使用的「大十字」遊戲，要轉化到線上就比較困難。而非同步的線上課程，更需要教師能妥適編排任務與作業，確定學生有跟著授課進度且了解教學內容。另外，教師在進行線上教學時，肢體語言豐富的程度可能無法與實體上課完全一樣。

有效運用多模態與平臺特性

　　在進行線上班級經營時，教師需採取與實體上課不同的策略。以我近期觀課的一節線上雙語音樂課為例，教師採用同步的線上教學方式，師生同時在虛擬的教室裡，缺乏面對面的互動，也只能看到螢幕框中的學生。因此，在學生進入線上教室

縣立大村國小魏相英正在分享螢幕畫面

時，教師可先把上課要求說明清楚，如上圖。

　　這個例子中的授課教師是彰化縣立大村國小的主任魏相英與教師林義凱，兩位一起規劃雙語音樂課程。該節為五年級的線上雙語音樂課，由魏相英主任授課，採用 Google Meet 為平臺。可以看到，教師善用圖示與文字，提醒學生在進入線上教室後，該如何設定環境，同時讓學生清楚視訊必須打開，方便教師掌握學生學習狀態；先關麥克風可避免教室一開始可能出現的吵鬧狀態。學生若要舉手發問，教師也會將相關的功能

圖示放在課堂說明上。

　　雖然受限於線上平臺的特性，教師無法直接進行樂器的教學與指導，但是透過播放樂器的聲音，也能達到不錯的效果，只是不容易進行實作與個別指導。儘管如此，教師在教學過程中仍善用了多模態協助學生理解。例如，教師講到直笛上的 fingerholes，多數小學生沒有學過這個單字，因此教師將直笛放到鏡頭前，用手指按住直笛上的孔洞再放開，反覆操作幾次並搭配 fingerholes 的英文，不需要太多解釋，學生們就能了解這個單字代表的意涵。

　　總結來說，在停課期間，許多雙語學科教師仍持續以雙語授課，整體效果並不差。因為雙語學科教學本就訴求運用多模態協助學生理解教師使用的語言，尤其是目標語（英語）的部分。若是有經驗的學科教師來進行線上雙語學科授課，其流暢程度其實不亞於實體上課。

　　根據我在線上參與課程的觀察，學生的回應都不錯，甚至有些學生平常在實體上課不敢開口的，在線上平臺時會用訊息功能打英文單字回應教師的提問。學生在雙語課上，不論說出或打（寫）出答案，都是值得被鼓勵與肯定的。

Part Four

本土雙語教學模式的追尋

臺灣經驗的重要性

14 教學模式不盲從

　　回首臺灣過去二十多年來的教改經驗，不乏盲目引進國外作法或教學取向，最終落入水土不服的失敗案例，「建構式數學」就是個很慘痛的經驗。政府推動新的教育政策之際，參考國外經驗無可厚非，但他山之石可以參考，切忌盲目移植，在學習或轉移過程一定要在地化。

　　如今政府積極推動 2030 雙語國家政策，在師資、教材等配套措施都還沒到位，連對雙語教育的定義都還混淆不清，甚至誤以為是全英語教學之際，便亟思在公立學校推動。然因缺乏本土經驗，往往綁定國外教學取向，從教育部師藝司、國教署到臺北市教育局、宜蘭縣教育處，不分中央或地方，教育主管機關的雙語政策文本中常見加拿大魁北克採用的「沉浸式教學」或歐盟國家採用的「語言與內容整合式教學」（Content and Language Integrated Learning, CLIL），看似新穎，卻缺乏詳細說明。尤其當紅的 CLIL，儼然已成為論及雙語教育

時必備的專有名詞。

然而，究竟有多少人了解這個從歐洲發跡的取向重點、教學策略及相關配套？以下將簡單介紹沉浸式及 CLIL 這兩種雙語教學取向，以及在臺灣實施可能遇到的問題。

魁北克法語區的沉浸式雙語教育

加拿大和新加坡一樣，都是多語言、多元文化的國家。1960 年代，加拿大以英語和法語作為法定官方語言。其中魁北克省素來以法語為母語的人士居多，但早期以英語為母語的人社經地位較高，商業活動仍以英語為主要溝通語言，這使得原本以法語為母語的人，會因工作需要而學英語，日常生活對話仍用法語。

隨著以法語為母語的人士逐漸取得社經地位，1974 年魁北克省政府通過《官方語言法案》，使法語成為當地唯一官方語言，許多專業領域也將「精通法語」列為獲得職業核可的標準之一。1977 年，魁北克省更進一步通過《法語法案》，強制在政府機構、議會、法院、學校、商界、勞工界等場合使用

法語。從此，法語的地位遠遠超過英語。

　　為此，許多以英語為母語者離開魁北克，而對於選擇留下、以英語為母語的人們來說，擁有良好的雙語能力成為當務之急，否則勢將影響未來發展。在魁北克家長團體、教育當局及研究人員的合作下，法語沉浸式課程於焉開展，針對以英語為母語的學生，透過第二語言（法語）來學習數學、歷史、藝術等其他學科，增進學生在校內使用法語溝通的機會。

　　魁北克學童自幼稚園大班到小二的三年期間，由法語教師教授全法語學科課程；小三開始接受英語課程，而後逐漸增加英語課程的比例，直到小學高年級時達到法語及英語各半。教學過程中，教師以法語作為教學媒介語，幫助學生學習適合其年齡和程度的內容，協助英語為母語的學生提升法語能力，理解法語文化。若以課程時間來區分，相較於「完全沉浸」模式，「部分沉浸」模式使用法語教學的比例介於 50% 至 100%，其中以 50% 課程用法語教一般學科最為常見。

　　相關的研究結果顯示，接受法語沉浸式教育的學生，並未對母語（英語）產生不良影響。多年沉浸在雙語環境中的學生，其英語能力和其他就讀英語班的同儕相當，甚至表現更

佳;法語能力也大幅超越其他同齡學生;對於學科知識的掌握也並未產生不利影響。

　　魁北克法語沉浸式教育的成功關鍵在於,當地本來就以法語為母語的人居多,有說法語的環境。以英語為母語的學生,除了在校接受沉浸式法語教育,校外也有很多練習法語機會。

　　此外,法語和英語都屬於印歐語系,許多字彙的字根及字源相同,語言雷同度較高,更有助雙語教學。例如英語的utilise(利用),法文也是同一個字。

　　反觀臺灣,雙語教育使用的國語和英語屬於完全不同的語系;一走出學校,大家都說國語,根本沒有使用英語的環境;加上學生的英語能力呈M型化,現階段若採沉浸式的雙語教育,學生恐無法接受而使效果大打折扣。

歐盟採用的語言與內容整合式教學

　　「語言與內容整合式教學」(CLIL)是一種整合學科內容和語言學習的教學方法,教師要用外語教授數學、科學、史地、音樂、藝術等學科,同時促進語言和學科知識的雙重學習。

CLIL 強調語言和內容一樣重要，課堂上所有外語的學習活動，都圍繞學科主題展開，並透過 4C 框架設計課程，即內容（content）、溝通（communication）、認知（cognition）和文化（culture），利用學科主題內容創造外語真實溝通的環境，訓練學生思維，鼓勵發表意見，提升分析、解決問題的能力，培養跨文化的國際視野。

在歐洲發跡的 CLIL，於歐盟和亞洲等其他國家的實施成效不盡相同。有學者探討西班牙與日本學生對 CLIL 的認知與觀感，西班牙的中小學生皆抱持肯定態度；但比臺灣更早引進 CLIL 教學的日本，中小學生的回應相對保守。研究結論指出，歐盟的 CLIL 無法直接移植到日本的情境中。

回到臺灣，有學者以某所大學的學生為對象，研究採用 CLIL 對學生英語能力提升之成效，發現雖能增進學生的英語程度，但對於語言或內容能力較弱的學生來說，有效性受到質疑。該研究認為，CLIL 有利於精英學生提升語言能力與學科知識的習得，然而臺灣主要在公立中小學推動雙語教學，並非只服務精英學生。

另有學者在探討國小數學的雙語教學時，明確點出在臺灣

教學現場推動 CLIL 的盲點：CLIL 強調雙軌制，語言與內容同樣重要，但目前國小數學教師的英語溝通能力較弱，也缺乏英語教學法的培訓機會；另一方面，國小英語教師則缺乏數學教學的概念及培訓，甚至存有恐懼感。在這樣的背景下，加上缺乏適合臺灣教學現場的教科書，要執行數學 CLIL 教學模式確有困難。

在我看來，臺灣現階段推行 CLIL 的關鍵難處在於：國高中教師要趕教學進度，學生又有升學考試壓力，執行 CLIL 時，真有可能兼顧語言與內容嗎？此外，要求數學教師具備英語教學的能力，或者英語教師必須具備數學教學法的概念及培訓，不但攸關師資養成的計畫，也應該考量現場教師的負荷，這些都是悖離現實的錯誤期待。

畢竟，要求數學教師在完成數學的雙語教學後，還要評量學生的英語能力有無精進，就如同請英語教師來評量學生的數學程度一樣，都不是可行的做法。我一再強調，學科教師進行雙語教學時，應先確保學生能習得學科知識的內容，語言環境的提供只是加分。

在現階段的臺灣公立中小學，不應期待多數英語教師轉變

成其他學科領域的專業教師，也不該期待數學、自然、藝術等學科教師能成為專業的英語教師。儘管有些教師具有雙專長或多專長，但畢竟是少數。

　　總結來說，在全球推動雙語政策的國家裡，有許多國家與區域可以作為臺灣的借鏡。然而，參考他國的作法時，我們一定要注意歷史、文化、社會等脈絡的不同，以免落入「橘逾淮而成枳」的處境。

15 沃土模式：臺灣雙語教育的七大原則

臺灣推動雙語教育，切莫全盤移植國外的教學取向，而應思考本土脈絡及他國差異，盡量以學校能夠操作、學生普遍可以接受的本土雙語模式為主。在此我提出「沃土模式」（FERTILE），供教育主管機關及學校推動雙語時參考。

這個模式涵蓋七大原則，各代表的英語字首結合為FERTILE 一字，原意為肥沃，因此稱為「沃土雙語模式」。前四點是學校推動時必要把握的原則與精神，包括推動時需有彈性（flexibility）、以建置環境為主（environment）、角色典範效應（role modeling）及給予充分時間（time），第五、六點包括課室教學的原則（instructional strategies）、對學生學習的關照（learning needs analysis and differentiated instruction），則屬於雙語課堂中的策略與技巧。最後一點則提醒雙語教育需要所有人投入（engaging stakeholders），不能只仰賴少數雙語教師。若能遵循沃土模式中的七大原則，

有助於一般公立中小學也能朝雙語學校邁進。

七大原則分述如下：

原則一、雙語教育推動需有彈性

全國有 3,300 多所國中小，各校的情境脈絡、教師條件與能力、周邊社區環境都不相同，難以一套雙語教學方法或策略適用所有學校，也不能強迫所有學校、班級、學科教師都加入雙語教學，而是由有意願、有準備的學校及教師來當領頭羊。

因此，臺灣在推動雙語教育時需要保持彈性，讓各校有自主調整的空間。師資不足、學校經營管理及課程教學能力稍弱的學校，不用急著試辦，先打好地基，改善學校的英語及學科教學成效。尤其許多偏鄉學校，受限於交通及少子化管控員額等因素，目前連英語合格師資都聘不足，學生英語基本能力相對弱勢，能吃得下雙語課程嗎？對這類學校來說，當務之急應是先補足英語師資，打好根基，提升學生的英語能力，再來談雙語教學。

每當我到各地學校分享雙語教學理念時，都會問大家：

「是否所有臺灣人的英語能力都要那麼好？」政府推行雙語教育有個很大問題，就是似乎預設立場，好像每個國民的英語能力都要很好。事實上，有些人一輩子也用不到幾句英語，我們應否給學生適性選擇的彈性？雙語教學能否適性分組？

我認為，在未來的五到十年，全國 3,300 多所中小學若有半數以上開辦雙語教學就夠了。這不是件容易的事，有賴政府持續投入經費、增聘師資才有可能達標。

此外，曾有部分縣市誤解，一節課要有 70% 或 50% 的時間使用英語才算是雙語課程。我在臺北市校長會議中，也曾耳聞校長提出類似問題。在雙語教育推動的初期，讓學校維持彈性很重要，建議不要綁定英語使用比例，而是視學生英語程度彈性調整。

原則二、雙語推動必須以環境建置為主

加拿大、歐盟國家處於印歐語系的雙語環境，英語和義、西、法、德等歐洲語言的相似性，遠高於和中文的相似性。臺灣也不像新加坡把英語當成第一語言，缺乏使用英語的環境。

因此，如何建置整體雙語環境，將是國內推動雙語教育初期必須嚴肅面對的議題。在我看來，環境的建置遠比規範有幾節雙語課更重要。

雙語環境可分為活的雙語互動環境，以及硬體的建置。要讓學生一進校園就接觸國語、英語並存的雙語環境，從校長、行政人員到各科教師，都應成為雙語使用者，根據自己扮演的角色，盡量多說英語，營造活的雙語互動環境。

學校也可搭配布置硬體建設，最好和課程結合，吸引學生興趣、認真去看。例如有學校在家政課教室旁邊，貼了好幾張國外食品安全協會做的食安宣導全英語大海報，教師講到食安問題時，就可把學生帶過來，用英語海報解說。臺北市誠正國中的童軍課，會教學生在晚上透過北極星、大熊星座等北半球的星座認出方向。童軍教師很用心，把星座圖印出來貼在教室後方，中英對照標注星座名稱，教學時就帶著學生看星座圖，也知道了北極星、大熊星座的英語怎麼講。這類融入課程的硬體布置才真的有用。

我也曾參觀過加州韓國城裡的一所雙語學校，校長是韓裔美國人，會講英語、西班牙語及韓語，大多數教師也會講其中

兩種。學生來源頗複雜，很多社經背景不太好，有的不會講韓文，但會講西班牙語。我看到學校有些圍牆開放讓學生作畫，有兩個塗鴉看起來差不多，但一個寫英語、一個是西班牙文。校方表示，這某種程度宣示兩種語言有同等地位，不會只寫英語；教室布置同樣也用雙語，主題和學期課程有關，教師上課會用到。由此可見，教室的雙語布置不只是貼在那裡就好。

許多學校會在階梯上黏貼英語諺語或在廁所張貼雙語佳句，但除非學校課程融入雙語標示，不然學生其實很無感，根本不會看，只是聊備一格。

有些學校還特意安排「英語日」，學生在這天得用英語溝通，這作法好比只有幾個學科用了雙語教學，學校仍然不是真正的雙語環境。這代表了英語在學校不是環境，而是特別的東西，才需要擇定一個半天或一天規定校內全部講英語。這時你會發現，學生在那天特別沉默，彷彿在進行一種儀式，而非我們要的雙語環境。不如營造成一星期五天都是雙語環境，來到學校不管上課與否，每天多少都得接觸英語，學生開口講英語的機會還比較多。

原則三、角色典範效應

學校要建置整體雙語環境，教職員須提供學生良好的角色典範，讓學生一進校園就處於自然雙語溝通環境中。建議國小階段自一年級、國中自七年級入學時就提供雙語環境。

此外，從執行雙語教學的學科教師、沒意願加入的學科教師到英語科教師，以及校長、主任和行政人員，無論英語使用比例多寡，都要開口講英語，共同營造整體環境。

原則四、給予足夠的時間，勿躁進

「欲速則不達」、「食緊挵破碗」都是人們耳熟能詳的話語。然而在凡事追求快速的網絡時代，越來越少人實踐這個道理。我認為，臺灣若能發展出屬於自己的雙語教學模式，讓政策能持續、配套漸漸符合教學現場，長遠來看，雙語教育可在中小學落實，對臺灣社會產生正面影響。

不過，臺灣的雙語教育目前應為「緩步前進、滾動修正」的階段，因為語言使用習慣的改變是個漫長過程。把英語當第

一語言的新加坡，推動雙語教育半世紀，才有如今成果，遑論英語只是外來語的臺灣。然而，目前我觀察到的現象卻令人憂心。部分縣市局處推動雙語教育，在配套不明確的情況下，便以績效責任制的角度設定績效指標，要求學校轉型成雙語學校。甚至有學校囿於民代與家長壓力，不得不轉為雙語學校，但學校、教師根本還沒準備好，意願也不高，可預見未來成效將大打折扣。

推動雙語教育是個漫長且艱辛的歷程，除了影響未來世代的語言使用習慣，更進一步影響文化與認同。雙語教育無法立竿見影，民粹式瘋狂浪潮恐讓雙語教育原本可能帶來的正面影響轉為負面。臺灣的雙語教育若能找到可行方向，還需要時間讓學校、學生與家長習慣種種改變。

原則五、課室教學的原則

落實雙語教育的重點之一，在於雙語學科教師是否掌握以下課堂教學原則：整學期都貫徹使用課室英語。學生聽熟悉後，自然成為語言環境的一部分。此外，教師準備雙語課程教

案時，以學科單元為主，因為每單元有其核心概念，這些概念在中學階段逐漸變得抽象，教師在規劃課程內容時，必須考慮使用何種語言幫助學生理解。

例如物理課中牛頓力學的「力」與化學課程裡莫耳數的概念，看不到、摸不到，在臺灣仍處於「雙語教育嬰兒期」的階段，應以學生最熟悉的國語來說明，確認學生可吸收教學內容；課室指導語與其他延伸活動則可多使用英語。

此外，雙語教師要避免自我翻譯。若以英語講述一段內容或下指導語後，不應翻成國語再講述給學生聽。倘若教師習慣自我翻譯，學生都知道教師用英語說完後會再用國語解釋，有些學生可能會因此不專心聆聽英語，只等教師的國語說明，影響雙語教學成效。同時，我也建議雙語學科教師要避免使用中英語夾雜的「晶晶體」，給予學生完整的雙語輸入。也就是說，先講一段完整的英語，再講另一段內容不一樣的國語。

原則六、雙語教學時對學生學習的關照

展開雙語教學之前，學科教師應先分析學生的語言程度，

以規劃出學生可接受的授課內容。至於該如何了解學生的語言程度？透過與英語教師共同備課、建構教師社群方式，將有所助益。

此外，雙語學科教師不再只提供學習學科概念的鷹架，也必須思考雙語的使用、協助學生搭建語言的鷹架。因此，理想的雙語教師應由具相當教學經驗的學科教師，透過適當的增能與專業發展後擔任。由於教師本身對於學科教學已相當嫻熟，只需補強雙語能力即可以上手。

最後，學科教師必須具備差異化教學的概念，了解雙語基本的原則，透過教師自身的持續成長，精進雙語教學能力，以有效引導學生雙語學習。

原則七、雙語需要所有人的投入

雙語國家政策牽涉的層面相當廣，絕非只有在教育領域，還需要跨部會齊心努力，例如擴增全英語的電視、廣播、網路節目，增加大眾運輸或商家招牌文宣的雙語標示，讓雙語徹底落實在生活之中。

在學校，所有人都應投入雙語教育的實踐，包含教職員、學生，乃至家長。越多人投入，越多人了解臺灣公立學校的雙語教育應當如何有效運作，學生才可真正受益。

16 雙語教學如何評量？

　　學校開始推動雙語教育之後，學科教師該如何評量學生的學習成效？是單純評量學科知識的習得，還是必須同時評量英語能力有否提升？

　　雙語教學的評量可分成兩部分：一是學科知識的評量，若由學科教學扎實的教師來教雙語，學科評量問題應該不大，可援用既有的評量方式執行。二是語言能力的評量，這對學科教師來說可能比較困難，畢竟語言教學也是門專業，學科教師要同時兼顧學科及語言，已經很不容易，還要他們變成「有語言評量專業的教師」，難度更高。

　　我建議不妨採取綜合性的評量，依學生程度找一套有信度的英語能力檢測工具，入學時先前測，一兩年後再後測，看學生是否進步，這對家長來說是很有說服力的。其二是「形成性的評量」，由教師長期觀察學生的課堂表現，例如某學生是否從一開始不敢開口說英語，到後來敢用英語溝通、回答問題？

是否在雙語環境下感到自在，能在兩種語言之間自由轉換？

　　學生若能做到上述情形就很不錯了，千萬不要奢望學生的英語程度要提升到多好的境界。況且雙語班學生的英語程度提升，也不能完全歸功雙語教育，可能是因為學校同時改善了英語教學，減緩學生英語能力的雙峰現象，把程度差、甚至放棄英語的學生拉上來。

分組教學、彈性設計學習單

　　許多人對於雙語教學抱持懷疑態度，擔心在目前英語雙峰現象嚴重的情況下，後段學生跟不上，反而加劇了M型化。

　　教育部也注意到這點，將部分經費補助學校，為英語基礎弱的學生實施補救教學，包括採適性分組教學的課間補救，以及課後請校內外教師為弱勢生補救教學。例如若有學生連26個英語字母都還沒熟記，或連最簡單的字彙都不懂，學校要先教會這些弱勢生認得字母及基本單字，讓他們在上雙語課時，至少聽得懂教師講的簡單課室英語。畢竟雙語教學和英語教學互為表裡、相輔相成，學生若缺乏基本英語能力，雙語教育不

可能成功。

　　此外，雙語教師本身也要有足夠敏感度及專業度，利用分組或學習單的彈性設計，讓不同程度的學生互補長短、發揮所長，切莫讓英語好壞變成判斷學生價值的唯一指標，以免英語不好的學生連學科都被犧牲掉。

　　例如上雙語課的健教教師，將學生分成五組，其中有英語很強的學生，希望展現能力，用全英語分享他和同學的討論心得。教師一旦發現其他同學聽不懂，就可適時請這位同學改用國語講述他剛分享的內容，藉此讓學生知道，在雙語課不是只能講英語，也可以用國語發表看法。

　　此外，雙語教師也要能判斷班上學生的平均英語程度，若整體偏弱，課堂上就多講一些國語；若多數學生程度很好，九成講英語也沒問題。

　　教師也可利用學習單達到差異化教學。針對英語程度好的學生，學習單可以全英語；程度差的，則可中英對照，至少看得懂學習單，不致太過挫折。同樣的學習單，也可利用分組讓學生各自完成任務。例如學科好、但英語不好的學生，可負責從中文課本中挑出核心概念，請英語好的學生翻成英語。讓不

同程度的學生都能發揮功能，盡量維持對學科的興趣，不會覺得上雙語課很無聊。

隨著少子化，中小學班級人數逐年減少，雙語課的差異化教學相信會比大班制的時代更可行。

雙語課程教案
Bilingual Lesson Plan
說明：以下表格採中文或英文填寫皆可，但鼓勵以英文填寫。
Note: The following blanks can be filled in Chinese or English, but English is encouraged.

　　在此提供的雙語教案參考格式，與本書所討論之雙語教育相符。其整體設計理念是依照雙語學科教師在教授學科時必須依循新課綱素養導向之內容，再適度加上雙語教學過程中必須注意的重點。同時，考量雙語教師的工作負擔，在教案撰寫上並未要求教師需以全英語書寫。在教學流程之前的部分，教師可以決定書寫時使用的語言，而在教學流程的部分，因為一定會涉及英語的使用，教師就必須依照教案規劃的需求，使用英語教學之部分就以英語撰寫。

　　在教案的前半部分，與雙語課程最相關的就是「中／英文使用時機」，其主要目的在提供教師思考此一教學單元裡，何時會教授抽象或核心概念，而授課主要可以國語進行，讓學生理解概念。而其他課室語言、延伸活動與討論則可以英語來規劃。其次，學生準備度的部分區分成兩塊，一為學科準備度，其概念類似於學生在這個學科的先備知識與理解，另一為英語準備度，這部分需要學科教師與英語教師在社群共備過程中，透過英語教師了解學生的英語程度，在具備這樣的理解後，學科教師較容易以學生能理解之英語進行授課。

此外，部分學校的雙語教育會包含彈性學習課程，故在教案格式的前半部特別規劃兩個欄位。彈性學習課程多為跨領域、議題、主題或專題式課程，所以設計一欄位填寫彈性課程融入之「學科領域」，而彈性課程也為校本課程，因此對於部分有校本素養指標規劃之學校，提供欄位填寫校本素養指標。

這個教案格式從最早的版本到現在，歷經我擔任主持人的兩個研究團隊多次討論，團隊裡有大學教授、現場教師、校長與相關研究人員。在此感謝在「課程領導的應用與深耕：十二年國教素養導向課程在國中的發展與實踐」、「本土雙語教育模式之建構與推廣：以臺灣國中小為現場之實踐」兩個計畫中曾參與討論的共同主持人、諮詢委員與研究團隊的夥伴及國民與學前教育署經費之補助。

一份雙語教案的產生，是集體智慧的呈現，我們會持續根據現場的需求不斷進行調整、修正。希望這個教案格式，可以讓有志於雙語教學的教師有一個規劃與思考的方向，而其中的欄位都可以依據教師、學生的需求進行彈性調整。未來在國教署補助的「本土雙語教育模式之建構與推廣」計畫中，也會持續提供以此教案格式為主的雙語學科參考教案。

掃碼可下載此「雙語課程教案」表格

學校名稱 School		課程名稱 Course	
單元名稱 Unit		學科領域 Domain/ Subject	※ 彈性學習課程請填寫。Only applicable to alternative curricula.
教材來源 Teaching Material		教案設計者 Designer	
實施年級 Grade		本單元共_____節 The Total Sessions in this Unit	
教學設計理念 Rationale for Instructional Design			
學科核心素養對應內容 Contents Corresponding to the Domain/ Subject Core Competences	總綱 General Guidelines		
	領綱 Domain/Subject Guidelines		
	校本素養指標 School-based Competences	※ 若無則免填。Please skip if there is no school-based curricula.	

學科學習重點 Learning Focus	**學習表現** Learning Performance	※ 請填寫最重要的兩至三項。Please specify the most important two or three items.
	學習內容 Learning Contents	※ 請填寫最重要的兩至三項。Please specify the most important two or three items.
學生準備度 Students' Readiness	學科準備度 Readiness of Domain/Subject	
	英語準備度 Readiness of English ※ 英語準備度指學生上課前已學習過的英語單字及句型，可參考計畫網頁的國中小 English readiness，或請教教該年級的英語教師。Readiness of English means the vocabulary or sentences that students already learned. Check the Bilingual Taiwan website or ask the English teachers who teach students of this grade.	
單元學習目標 Learning Objectives		

	教師 Teacher	學生 Students
中／英文使用時機 Timing for Using Chinese/ English ※ 請填寫清楚何時、何處使用中／英文。 Please describe in detail when and where you use Chinese/English.	使用時機	使用時機
教學方法 Teaching Methods		
教學策略 Teaching Strategies		
教學資源及輔助器材 Teaching Resources and Aids		
評量方法 Assessment Methods		
評量規準 Rubrics		

議題融入 Issues Integrated	※ 無則免填，若有，請填寫至多兩項。Please write down no more than two issues if there is any.

教學流程 Teaching Procedures

（說明：須依據前面書寫之中／英文使用時機進行思考，因此以下欄位若活動運用英文教學請以英文書寫。
Note: Please use English to specify your teaching activities that are executed in English based on the timing for using Chinese/English.）

	時間 Time
準備階段 Preparation stage 1. …… 2. …… **發展階段 Development stage** 1. 發展活動一 Development activities 2. 發展活動二 Development activities **總結階段 Summary stage** **第一節結束 End of the first session** **準備階段 Preparation stage** 1. …… 2. …… **發展階段 Development stage** 1. 發展活動一 Development activities 2. 發展活動二 Development activities **總結階段 Summary stage** **第二節結束 End of the second session**	

準備階段 Preparation stage
1. ⋯⋯
2. ⋯⋯

發展階段 Development stage
1. ⋯⋯
2. ⋯⋯

總結階段 Summary stage
1. ⋯⋯
2. ⋯⋯

第三節結束 End of the third session

參考資料 References	

※ 期待雙語教師能逐年使用更多英文撰寫本教案。We are looking forward that you can use more and more English to write this lesson plan year by year.
※ 本教案由國立臺灣師範大學教育學系林子斌教授團隊設計提供。

17 腔調不重要 沒有「標準英語」

政府推動的 2030 雙語國家政策，鼓勵英語科以外的學科教師也用雙語教學，然而很多學科教師存有心理障礙，認為自己的英語發音不標準，甚至講得比學生差，不敢貿然嘗試雙語教學。

其實，「標準英語」（standard English）並非放諸四海而皆準的概念。在英語成為世界通用語的年代，英、美、紐、澳、南非、加拿大、新加坡等以英語為母語或官方語的國家，都有各自的腔調。所謂「標準英語」或以美式英語為最高等級的觀念，早已受到質疑。

只要回歸語言的溝通本質，教師說的英語學生聽得懂、文法沒錯誤，就可投入雙語教學。推動雙語的目的是讓學生具有實際運用兩種語言的環境，不應糾結於是否符合一個不存在的「標準英語」概念上。所以，教師切莫因害怕英語講不好或學生講得比你好而感到丟臉。

即使是把英語當成第一語言的新加坡，也不是所有人都能講得標準、沒有怪腔怪調。再以英國為例，照說他們講的英語應該最正統，但光在英格蘭就有非常多種不同腔調。倫敦更是大雜燴，人流來自各地，有時從口音就可判斷此人來自何方。英國並不算大，母語是英語都還有這麼多不同腔調、發音，更何況英語已變成世界語言，不同的腔調何其多。在非洲，許多國家也用英語當溝通語言，絕對是南腔北調的。

我在英國留學期間覺得最痛苦的，其實是聽印度人講英語，因為英國很多客服都外包給印度人，我打過許多客服電話都是印度人接的。一開始，我花了很長時間去適應印度人的英語腔調。

車站廣播腔調怪，劍橋畢業教授也聽不懂

即使本地英國人，腔調之奇怪也讓我受到很大衝擊。有次我看電視節目，有位蘇格蘭人把「story」講成「stoli」，完全聽不懂，後來看字幕才知道他說什麼。大家恐怕很難想像，連蘇格蘭、威爾斯的腔調都有如此差異。

　　我曾在英國各地旅遊，自認英語還行，畢竟我能在英國和新加坡的大學工作，可以用英語教書，學生也都聽得懂。可是我一到了利物浦和格拉斯哥，才發現我從小到大學的英語竟派不上用場。格拉斯哥尤其讓我印象深刻，我站在火車站大廳，發現自己竟然聽不懂他們用英語播報的列車時刻和班次訊息。

　　在利物浦的麥當勞、漢堡王點餐，也完全聽不懂店員說的話，只好跟他說「number one」，點一號餐應該不會錯。有次我跟英國的指導教授見面時，忍不住跟他訴苦，說我聽不懂利物浦跟格拉斯哥的英語，有點挫折。教授竟然跟我說：「不只你聽不懂，我也聽不懂啊！」沒想到這個土生土長的英國人，還是劍橋大學畢業的高材生，也跟我一樣聽不懂這兩地人講的英語。

　　由此可見，單單英國本地就有這麼多不同腔調，如何界定「標準英語」的存在？即使像臺灣這麼小，宜蘭人講的臺語跟臺南人講的，就是有點不一樣，你能說他們講的不是臺語嗎？時間一久，大家還是聽得懂啊。

　　所以如果我們把英語回歸到溝通工具的本質，而非學科考科，就該讓學生理解：不必追求絕對正確的發音，重點是你在

跟他人溝通的過程中，讓對方聽得懂，至少能正確傳達你的意思。

對華人來說，學英語有些很難的地方，例如中文沒有時態概念。但時態用錯，外國人根據上下語意的脈絡，通常也聽得懂，沒什麼不好意思。但若你在考試時用錯時態，就會被扣分。所以我們要讓學生知道，雙語裡面的英語是溝通工具，不是考科。不需要追求百分之百標準的發音，或是哪種腔調才是最正統的。

如果我們真要推動雙語教育，上述概念都必須讓校長、主任、教師、學生知道，這樣即使學生英語講得比師長好，也不需要有心理負擔。試想，今天若有個教師不是教美術，但學生畫畫比教師好，有什麼不可以？教師應該都能接受。如同學科教師不教英語，為何不能接受學生英語比你好？

在雙語教學路上，教師最重要的任務是勇敢踏出第一步，以身作則當角色典範，創造一個經常被大家使用的雙語環境。

18 先求有，再求好

　　政府推動雙語教育初期，師資尚未完全到位，學校和學生也還沒準備好，現階段可優先以音樂、體育、健教、家政等非考科作為雙語教學的試金石。一方面是較好操作，同時也避免冒險，影響學生升學成績，引起家長反彈。先求有，再求好，等學校累積幾年經驗，師生都準備好了，再擴及理化、數學等考科。

　　中小學推動雙語教學，一定要找有意願的教師來教，補足他們的英語能力，慢慢發展雙語教學策略。一開始大家都還沒準備好，校長、教師、學生、家長當然都會擔心害怕，不敢貿然拿升學考科來做實驗，難免出現不同聲音。然而，這不代表只有非考科才能雙語教學，仍要保有彈性。倘若某國中試辦雙語教學初期，最有意願的是自然領域的教師，他也準備得不錯，班上學生的英語程度也很好、接受度高，何不讓自然教師試試看？

　　假設臺灣要在十年內讓半數以上中小學推動雙語教學，最先開辦的學校站穩腳步後，就可慢慢的從非考科擴及到其他考科。至於中後段時間才陸續加入的學校，則要給他們更多時間準備。

非考科操作性強，適合先試行雙語教學

　　非考科適合優先試辦雙語教學，主要原因是操作性比較強，搭配動作或圖片，有助學生理解教師講的英語。例如上家政課時，教師告訴學生：「You need to pour hot water to the bottle and make tea.」這時就可把熱水倒進裝有茶葉的茶杯，當成輔助說明。

　　但若牽涉到核心概念，例如為什麼熱開水沖下去，水遇到茶葉會變色，就算教師英語再好，有辦法解釋，學生也不見得聽得懂。所以遇到核心概念或專有名詞，教師可用國語講解，務求讓學生聽懂，也可在黑板寫出中英對照的相關單字，但不要求死記。程度好的學生當然可背下來，程度不好的，看到黑板上中英對照的單字，也知道教師在講什麼。

　　小學低年級自然課教到 butterfly，也適合用操作性的視覺輔助，展示蝴蝶照片，配合中英對照單字，就可讓學生理解。但若國中理化教到牛頓力學，都是抽象概念，我還是建議教師先用學生最熟悉的通用語、也就是用國語講解，待學生都充分理解了，再往上加分，以確保不致為了學習這個學科的相關英語，而犧牲學生學科知識的習得。

　　所以我都會告訴雙語教師，「你要先把學科教師當好了，再去當雙語教師，千萬不要扮演英語教師，這是絕對錯誤的。」生物教師不可能在教毛毛蟲變成蝴蝶時，變成在教英語句型，這是英語教師該做的事，生物教師應該要教生物的學科專業；如同英語教師不該教生物科一樣，分際要把持好。

　　此外，我要提醒教育部：等到國內有半數以上學校都加入雙語教學，培育出很多雙語能力很強的學生之後，國中會考這類升學考，是否也要提供全英語考題，讓學生自由選考？這樣雙語教育才是玩真的。畢竟教育部已開始找專家學者，準備把十二年國教課綱的領綱都翻譯成英語，而領綱寫的都是升學考會考的學習內容與表現。既然領綱都要雙語化了，為何考題不能雙語化？

　　「升學考題雙語化」這件事，雖然要待推動雙語教育多年後才可能試行，但教育部或命題單位現在就應該超前部署，預先思考相關配套措施了。

臺北市三民國中、古亭國中的經驗

　　過去，我長期陪伴臺北市三民國中進行雙語教學，從這所學校的經驗可以看出雙語教育推動的初期歷程。

　　在三民國中，首批接受雙語教師增能的三位學科教師，正是透過臺北市教育局雙語教師增能的計畫，在主辦該課程的臺師大教育系完成一整學年的培訓。其中一位就是詹珮琳教師。而該校負責雙語教育推動的組長目前也正在教育系受訓，即將完成增能的三個模組課程與一學年六次的觀課。

　　在校長與主任的邀請下，三民國中大多數的雙語課程我都實際參與觀課、議課，給予雙語教師回饋。透過不同觀議課與討論的過程，我陪伴這些有意願的學科教師朝向雙語學科教學的方向邁進。在三民國中的個案裡，可以看到教師只要願意拋棄偶像包袱，學科教師的英語能力會跟著一起成長。

善用課室英語，教師就穩住雙語教學的基本盤，並可以此為基礎持續發揮。

另外，善用多模態的輔助，協助學生理解英語。例如，教師運用視覺、手勢、動作、聲音輔助學生理解教師所用的英語，理解教師上課的內容，這就是將多模態的概念應用在雙語教學上。學校行政的配合也十分重要，校長、主任與負責推動的組長在校內持續的影響教師，並協助教師解決雙語教學執行上的困難與挑戰，同時引進校外的資源。透過雙語學科教師社群的建構，在校內形成正向的循環，持續提升校內的雙語教學能量。

在臺北市古亭國中的雙語教學現場，教師張靖苓從 2020 年下半年開始，就固定參加臺北市雙語教師社群增能系列研習。這個研習是希望提供有志於雙語教學的學科老師一個增能、交流與分享的平臺。社群的緣起是因為我受到臺北市教育局陳貴馨課督邀請，以一學年的規劃陪伴這個有近 70 位教師夥伴的社群。每月一次的社群聚會，我從雙語教育的理念溝通、推動心得分享、建構社群共同語言到分享教案與教學實例，以第一批在臺師大教育系培育的臺北市現職國中學科雙語

教師為核心，進行社群運作的規劃。期望透過這些種子，未來能影響更多現場學科教師。我相信雙語教育要能成功在學校裡推動，健全運作的雙語教師社群是不可或缺的。由於職前師資培育、現職教師的增能都跟不上教學現場的需求，因此需要多管齊下，而臺北市這個雙語學科教師社群，就是提供有志於雙語教學的學科教師入門的好方式。

我還記得在第一次社群增能結束後，張靖苓就期待我能到她任教的古亭國中陪伴並給予協助與指導，她的熱忱與積極讓我印象深刻。為了更了解古亭國中的雙語教學，我一學期裡兩次到張靖苓的課堂上觀課、議課。看同一個課程的兩節課在不同班級進行操作，一些有特殊需求的學生在這樣的課堂中，反而積極投入。議課的過程裡，充分感受到教師對學生的滿滿熱情，希望透過雙語教育為學生多開一扇溝通的窗。而古亭國中的校長與教務主任更是展現充分的行政支持，讓有意願的老師無後顧之憂，可以在雙語教學的路上持續前進。

雙語教學現場一 以臺北市三民國中為例
雙語教師善用多模態協助學生理解

講臺後面的投影螢幕上，德國人聲天團「SLIXS」的成員，正機械性擺動雙手，發出膝蓋節彎曲及雙腳踏到地板的金屬聲音。臺下七年級學生聚精會神，看得目不轉睛。

這是臺北市三民國中的雙語音樂課，教師詹珮琳搭配課本進度來播放影片，介紹 A Cappella（無伴奏合唱）、Beatbox（節奏口技）等國內外各類型的無伴奏人聲樂團。SLIXS 登場時，她用英語提醒學生：「You can hear a lot of sounds in your daily life.」接著又說：「maybe machine, maybe heartbeat.」再次以英語暗示學生注意在影片中可聽到什麼聲音。

看到 SLIXS 學機器人走路，並用嘴巴發出各種金屬機械的聲音時，她問學生聲音聽起來像什麼？「like a robot？」她觀察到學生沒有立即的回應，就學機器人擺動雙手，讓學生會意 robot 是機器人。她告訴學生，SLIXS 這段表演屬於 Beatbox。接著播放的影片，則介紹臺灣的人聲樂團「OKAI」，詹珮琳也是中英文穿插授課，說明該團是個職業

團體，拍了 MV，表演的是 A Cappella 加上 Beatbox，團員
都是原住民（aboriginal people）。

● 「教雙語是我的夢想！」詹珮琳承擔校內先鋒責任

　　詹珮琳是三民國中雙語教學的開路先鋒，在校方全力支
持下，不只音樂課，美術、體育、家政、資訊等非考科的教
師也陸續加入雙語教學的行列，成立社群共同備課。

　　「教雙語是我的夢想！當初是自己想做，自告奮勇的
投入雙語教學。」詹珮琳說。從學校推動國際教育開始，她
在雙語教學就一直是率先出征的教師。有一次臺北市和新北
市甄選學生前往越南交流，每個學校只有一個名額，全校卻
沒人有意願，她鼓勵當年才七年級的兒子報名，當時快要期
末考，而出訪卻需要五天的時間，很多教師問她，不會擔心
兒子考不好嗎？她卻認為，能主動學習的孩子毫無問題，更
何況這一趟出去能開拓視野，機會難得。之後臺北市蘭雅國
中、三民國中的師生出訪英國，詹珮琳自願帶領六名學生出
國，行前必須先上半年的英語課以加強英語力。她藉此機會

精進英語力，從 2014 年底開始補習英語，除了因為接待國外交換生而中斷補習兩年，至今仍在上英語課。

對雙語教學的熱情，加上自身不斷精進英語能力，只要學校有國際教育的機會，詹珮琳都是責無旁貸。例如有一年三民國中組團前往韓國姊妹校訪問，甄選有意願、英語力佳的學生出訪，當時要培育臺灣學生用英語和韓國學生交流食物銀行等議題，詹珮琳就是指導教師。「推動雙語教育不能急，要一步一步來。」詹珮琳以三民國中為例，就是從一個學生、社團到全校，從音樂到其他科目，逐步推動。

● 拋棄「偶包」　理化教師楊敦豪脫離舒適圈雙語授課

楊敦豪就是以考科進行雙語教學的一個例子，身為自然科教師，為了帶領自己脫離教書三十幾年的舒適圈，在三民國中引進外師協同教學後，挑戰了雙語教學。從國際教育「生生不息」的彈性課程開始，和外師協同雙語教學，透過釣魚遊戲，讓學生了解各國海洋汙染、過度捕魚等環境問題，進而學到如何讓海洋資源永續發展。

　　楊敦豪說，平時的理化課，他就常教授學生認識相關的英文單字或名詞，例如和電力相關的庫倫、伏特，學生若只知 C、V 的簡稱，很難記憶深刻，若知道伏特的原文是 volt，就容易記得，「我絕不是要賣弄英語，我的英語能力並不好，講臺下七年級學生的英語能力有人比我還好。」

　　英語腔調有點臺式口音的楊敦豪開玩笑說，他剛開始雙語授課，常把 work sheet（學習單）的 sheet 唸成 shit（屎），讓人一頭霧水；有次研習聽到教授講到 work sheet，他還聽成 worship，納悶著教授為何突然提到「崇拜」這個字。儘管如此，楊敦豪還是勇於接受挑戰，和外師協同雙語授課。他會利用下課時間和外師討論授課內容，也藉機磨練英語力。外師不懂自然科的學科內容，起初也很緊張，他花了點時間向對方解說基本概念，安撫了對方的焦慮，「最後反而是她勸我不要太緊張。」

　　雖然自認英語力不佳，楊敦豪以雙語授課時，多半時間還是講英語，但講到拖網、酸化等學科核心概念，會用中文講課；提到 minimum（最低限度）這類學生沒學過的單

字，則會用手比出很小的手勢，幫助學生理解。楊敦豪自認和學生平日互動良好，以雙語授課，學生都很敢開口表達，他也不限定學生一定要用中文或英文回答，就是塑造一個自然的雙語課堂。

● 和外師協同教學需堅持學科專業並善於溝通

三民國中的外師協同教學，從 107 學年度開始，詹珮琳當時是校內第一位嘗試和外師搭配的教師，因為她教全校 18 個班級的音樂課，可以讓所有的學生有機會接觸外師練習講英語。

第一個和她一起入班教學的外師並非音樂科專業教師，是美國的高中科學教師，為了協助外師授課，詹珮琳會告知外師每次上課的主題，請外師先搜尋資料，提供教學點子，但一定要聚焦在當次的課程內容，不能沒有範圍，「畢竟我要對我的課程負責，外師協同只是讓學生多接觸英語，接受一點挑戰。」

在和外師協同教學的過程中，詹珮琳也有學習，例如

和外師共同準備課程內容時，對方都會問：「你希望學生從這堂課學到什麼？」她起初很訝異，因為從來沒有人問過她這個問題。她舉例，有一節課介紹奧斯卡最佳影片「阿瑪迪斯」，描述天才莫札特和同時代音樂家薩里耶利互為對手的瑜亮情節，外師就以市占率居冠的可口可樂和永遠屈居亞軍的百事可樂來說明，非常生動，「這是我從來沒想過的例子。」

詹珮琳表示，和外師協同教學的音樂課，前 15 分鐘由外師授課，先介紹美國文化，再導入課程主題，後面 15 分鐘由她接手，會設計問題讓學生回答。她提醒以雙語授課的本國教師，一定要事先過濾外師的課程內容和教材，如果不適用，不如自己單獨教學。她認為，不必強迫設定外師授課的比例，課程設計也不能漫無目標，讓學生沒有任何的學習收穫。

例如和外師協同教學的第二年，另一位外師原本要大量使用國外軟體來教學，但學生無法進入課程內容，缺乏學習效果，於是她請對方再調整教材內容。還有另一名外師的專

長雖然是音樂本科，但課程內容不自覺的講得太深，詹珮琳也會和對方溝通，請外師準備的課程內容再淺一點。

經歷與外師協同教學的磨練，如今詹珮琳的雙語音樂課完全由自己擔綱，要辛苦備課，最費時的部分是編寫教材，絞盡腦汁使用適合學生程度的英文單字、詞彙及文法，才能讓多數學生確實吸收授課內容。

「我有很好的軍師！」詹珮琳笑說，每次製作完成課程需要使用的簡報，都會請自己的孩子看一下，站在學生的角度提出建議，孩子會回饋她，沒有人會在簡報上長篇大論，真正厲害的教師，一張簡報寫一句話，就可以講述得很生動，要練就這種功力，讓她在製作簡報時很燒腦。

詹珮琳說，她上課常提到的英文單字或句子，都會寫在簡報上面，學生沒學過的單字還會特別解釋。

例如她搭配課本教到 A Cappella，會解釋「It's singing without an instrument.」教學生吹中音笛（alto recorder）時，就要先請學生拿出並組合笛子：「Take out your alto recorder and assemble it.」至於其他像「Sheet Music」

（樂譜）、「Sight Reading」（視譜）等音樂課常用單字也都會教。

以雙語教學時，詹珮琳特別重視學生的反應，有的學生英語力不特別好，但上課很敢講；有的學生很認真，在簡報上看到不認識的英文字，還會特別走到講臺前抄單字，讓她覺得努力沒白費。

她印象最深刻的是，有次在課堂上播放電影「歌喉讚」，是一齣描述美國大學無伴奏合唱女團比賽奪冠的勵志故事，但有學生聽出電影中有樂器的聲音，不符合 A Cappella 的定義。她驚訝於學生有如此細微的發現，也告訴學生，片中的 Beatbox 的確由樂器取代人聲，這是為了電影效果，而真正無伴奏合唱比賽不會使用樂器。

● 學校設專責單位，鼓勵教師研習、參訪雙語學校

學校推動雙語教育，不能光靠教師單打獨鬥，校長、主任等行政人員的支持與奧援更是成功關鍵，三民國中就是最好的例子。

三民國中教務主任徐雅鐘指出，當初莊國彰校長決定推動雙語教育，她自知要肩負領頭的責任，英文系畢業的她，還為此進修雙語師培課程。尤其雙語教學要落實到各學科，學科教師對於學生英語程度的理解陌生，她因此扮演溝通協調者的角色，幫學科教師跟英語教師搭一座橋梁。

雙語教育業務繁重，需要一個專責單位，學校決定改組，原有設備組的業務整併到資訊組，而原先的設備組長就讓她專責雙語教育與國際教育的推動，這樣校內主推的單位才清楚。

另外，先找到師資，接著規劃課程，再預備教師的增能研習及建置校園內的雙語環境，同時帶著教師校外觀摩，參訪康橋國際學校、美國學校及其他推動雙語教育的小學。

學校推動雙語教育，往往要透過研習「做中學」。徐雅鐘說，三民國中最初從英語融入教學開始。當時大家以為，雙語教學就是外師跟中師一起授課，外師講一句英文，中師協助翻譯，以這樣的模式進行雙語授課之後，學生反而依賴中師的翻譯，失去雙語教學的目的。學校開始思考，若學生

聽不懂，要怎麼幫助他們理解外師的講述內容。「我們一邊做，一邊從中體會，」徐雅鐘也認知到教師研習的重要，除了派教師前往校外研習，也在校內舉辦研習。

● 教務主任修雙語師培，破除全英語教學迷思

徐雅鐘了解雙語絕對不是全英語教學的認知，而是很自然的語言轉化過程，課堂上，教師要判斷什麼時候該講英文，什麼時候講中文。該用中文講清楚，還是要講，不能因為用英語授課而影響到學科的學習，她將這個基本概念傳達給校內學科教師，教師們的壓力減輕不少。

三民國中也成立雙語教育委員會，由徐雅鐘提供雙語教師研習相關資料及研習重點，再鼓勵教師們參加研習。學校也有雙語教學群組，有任何最新資訊或教學網站，她都會分享在教師群組。此外，每星期有一天中午是雙語教師們固定進修時間，協助學科教師英語增能，鼓勵教師考多益等英語檢定考。另外還有口語班，與外師互動，加強教師們的英語口語表達能力，每次都會有簡單的教學演練，請外師協助檢

視教師們的課室英語表達，並引導教師的英語口語表達 。

　　三民國中校長莊國彰說，學校推動雙語課程成功關鍵是教師意願，形成了核心的教師社群之後，可互相增能。對於堅決反對者，則要有同理心，透過相關會議，請雙語教師分享授課心得，經由相互感動對方的歷程，影響反對者，逐漸擴散雙語的影響力並讓更多教師認同而加入。

● 實質鼓勵教師，買書、給超鐘點費及共備時間

　　徐雅鐘說，雙語教師備課費時費力，校方只能努力幫教師多爭取資源，例如幫每位教師買一本課室英語用書，協助教師快速上手。教育局雖然給予雙語教師減課，但並非實質減課，所以三民國中改為發給雙語教師超鐘點費。雙語教師也希望有共同時間能共同備課或是連續排兩節課，雖然排課不易，但校方皆盡量協助克服困難。

　　徐雅鐘認為，推動雙語教育不能急，要先給教師信心，因為多數教師一開始很害怕雙語教學，所以她即使看到教師雙語授課有狀況，也不會立刻糾正，會再觀察，並給予鼓

勵。她甚至會透過會議跟所有教師溝通，不管你有沒有進行雙語教學，也要肯定雙語教師的辛苦，即便有教師剛開始的雙語課堂只有 20％的英語使用，但他有勇氣跨出這一步，就應該給他掌聲。

她也會分享某個教師英語力不佳，但也投入雙語教學，甚至很勇敢的在學生面前說：「老師英文沒那麼好，但我都敢了，我都可以拋下面子問題，是不是你們也要好好來接受學校是雙語學校這件事。」她藉此告訴學校其他教師，雙語教學沒那麼可怕，但學校行政也絕對要給予充分支持，包括開課協助教師增能、幫教師減課、給鐘點費等，該買的教學資源就要買，不要讓教師孤軍奮戰。

● 比平時上課更活潑、有趣，學生不怕上雙語課

從國際教育、英語融入教學，三民國中摸索出適合學校文化的雙語教育道路，讓學生在課堂上自然習得第二種語言。

八年級學生游尹鵬說，他以前上過全美語補習班，由

外師全程上課，有聽不懂的單字，外師只能用英語解釋，往往一知半解。但學校的雙語課由中師與外師協同教學，若有聽不懂的地方，中師會幫忙解釋，上課用到的英文單字，也多數都學過，超出範圍還有注解。游尹鵬表示，以往上自然課，都要背一些專有名詞、準備段考，但上「生生不息」的彈性課程，教師會教地球上正在發生的事，看一些英文影片，還會透過遊戲，用英語和學生溝通，有幫助也更容易記住一些常用單字。

另一名學生邱萌說，她沒上過美語補習班，但就讀東新國小時，學校就有雙語課程，會讓學生到英語情境中心，學習在郵局、診所等情境會使用到的英語。所以升上國中上雙語課，她比較不會害怕，反而覺得比平時上課更活潑有趣，能學到更多、更豐富的日常用語。

雙語教學現場二　以臺北市古亭國中為例
看見學生需求，音樂教師推動雙語教學

　　迪士尼電影「阿拉丁」的主題曲 MV 中，只見阿拉丁帶著公主坐上魔毯，一會兒飛上雲端看世界奇景，一會兒跟著海豚沿著海平面飛行。跟著電影畫面，男女主角唱出大家耳熟能詳的主題曲：「A whole new world.（一個嶄新的世界）A new fantastic point of view（一個奇幻而新穎的觀點）……」

　　這是臺北市古亭國中融入英語的跨領域美感課程「A Whole New World」，任課的音樂教師張靖苓第一節課帶領七年級學生觀賞阿拉丁主題曲的 MV，然後先用英文問學生在影片中看到什麼？（What can you see from the MV?）

　　有學生用中文回答「飛毯」，旁邊的同學補充說明是「magic carpet」。張靖苓提醒學生，可以用中文，也可用英語講，於是開始有學生以英語表達：看到 princess（公主）、tiger（老虎），也有人用中文說看到海水、月亮。當某個人說看到 shark（鯊魚）時，引來同學質疑，說是海豚啦，dolphin。

● 教唱英文歌、融入美術課，帶學生認識世界

古亭國中 109 學年的雙語教學開跑後，由教音樂及表演藝術的張靖苓跑第一棒。她以經典名曲「A Whole New World」這首歌來設計四節課的活動，讓七年級學生經由聆聽、朗誦、歌唱、猜字遊戲、反覆練習等學習階段，最後能分組上臺展演。

除了以英文歌曲教學生認識詞彙、改善英語發音的準確度及聽力，張靖苓也帶領學生接觸多元文化，認識 MV 出現的金字塔等世界七大奇景及相關英文字彙，並融入美術課，作業即是請學生畫出其中一個奇景。

在嘗試雙語教學之前，張靖苓其實不清楚學生的英語程度，也不曉得學生會有什麼反應。以雙語授課的第一個月，面對有的學生連很簡單的課室英語都聽不懂，一開始就用閩南語回應她：「我聽嘸啦！你跟我講國語！」讓她遇到不小阻礙。

「我們又沒有要出國，幹麼說英語！」另一個很活潑的男生，則如此質問張靖苓。她告訴學生，若你將來做生意遇

到外國人，可以用簡單的英語和對方溝通，也可做外國人的生意，藉此告訴學生，英語只是溝通的工具，讓他們慢慢改變。後來這個男生態度一百八十度大轉變，看到老師會用英文打招呼：「Hello, teacher.」張靖苓感性的說：「我會堅持下來，都是因為學生的回饋。」

張靖苓小學念音樂班，深知往後在這條路上會接觸到國外的音樂家，也有機會經常演唱或演奏外國曲子，更有感於外語能力對於學音樂的孩子很重要。她自身的雙語學習是父母在她小學三年級時就讓她跟著一名外師學英語；到了國中，她參加樂團，當時的指揮是位瑞士人，全程講英語，讓她有更多練習英語的機會。

● 學生用注音記單字讓她傻掉，決定不放棄任一人

求學過程一路順暢，英語能力一向很不錯的張靖苓，直到以雙語授課，才發現有另外一個世界的學生，升上七年級還不會拼音，也不懂音節及音標，英文單字要用注音符號標記才記得住，「我整個都傻掉了！」她說。

　　張靖苓觀察，英語力墊底的學生許多來自弱勢家庭，沒能力補習英語，單字常是一個字母、一個字母很辛苦的背下來，往往超過兩個音節就背不起來。英語學習原本對他們壓力就很大，沒想到現在連音樂課都要講英語、唱英文歌，逼得他們沒地方逃了，內心難免會抗拒。

　　原本上音樂課很簡單，只要教學生吹直笛，唱唱歌，師生都很快樂，張靖苓一度懷疑自己為何要跳下來用雙語授課，「為何挑這麼重的擔子來做？」她說。

　　一開始她只教學生唱很簡單、國小程度的電影「真善美」的歌曲「Do Re Mi」，但只有七名學生願意唱英文版，其他人都選擇唱中文版，她拚命思索如何突破關卡，她堅定的說：「我不想放棄這些孩子，至少要讓他們願意開口講一兩句英語。」

　　張靖苓後來告訴學生，她小時候和阿嬤學台語，沒有考試，就是很自然的用臺語和阿嬤溝通，不知不覺就學會了，連電視的歌仔戲、布袋戲都看得懂。「不一定要英語很好，才能開口說英語。」

● 從不開口到背歌詞上臺表演，學生讓人刮目相看

她藉此鼓勵學生，語言是拿來溝通，不是拿來考試的，只要肯開口講，都值得鼓勵。張靖苓不會在雙語課堂上考試，只要學生願意開口說英語，都會幫他們加分。學生於是慢慢卸下心防，雙語音樂課越上越快樂，分組上臺唱英文歌，甚至全程背歌詞，讓前來觀課的校內、外老師刮目相看，也讓張靖苓非常感動。

她上課選擇教唱迪士尼的歌曲，主要考量是孩子不用花錢買，上網都找得到，回家還可以練習。以「阿拉丁」這部電影為例，主題曲的 MV 不但有真人版，也有卡通版，孩子很喜歡，聽久了就能琅琅上口。

起初許多學生連歌詞都不會唸，唱得亂七八糟。於是她先教會學生唸歌詞，加上旋律就可對上音節，唱起歌來更順暢。練習到最後，有原本從未在課堂上講英語的孩子，竟然把整首英文歌背起來了。「孩子的潛力無窮，只要老師願意投入，開啟他們說英語的機會，就能看到成果。」

為了促進同學間的合作學習氛圍，張靖苓上課時採取異

質化分組，四到五人一組，英語程度好的幫忙不好的，學習互助合作。最後驗收成果，也是全組一起上臺唱歌。英語較差的學生有人做伴，會比一個人上臺更敢開口。多數孩子最後都能唱完整首英文歌。

針對少數特殊學生，她融入美術課程，設計學習單，要學生從中國的長城、埃及的金字塔等七大奇景當中，選一個主題並畫出來，有的學生還畫得很不錯，不會因為雙語教學而成為教室的「客人」，沒有成就感。

「學生只會硬背單字、文法，就永遠無法活用英語，」獲選臺北市特優教師、當過研究教師的張靖苓認為，設計雙語課程時，她會先深入了解可以根據什麼教育理論、如何用英語教音樂課。她發現透過英文歌曲或戲劇，是英語融入教學很好的方式。寫好教案後，她請同樣曾留學英國的同校英語教師曹依琳，協助檢視文法、單字有沒有錯，曹依琳看得很仔細，連英文大小寫的用法都會指正。

一路走來，張靖苓相當感謝校長、主任、教師們與校外專家的協助。期盼有更多的英語融入教育資源到位，和英語

教學進修的機會，嘉惠更多學生。

● 英語融入跨領域美感教育，雙語課更活潑有趣

古亭國中校長林泰安說，該校約有 450 名學生，主要來自北市中正、萬華區，英語的學習起點不一樣，有的從小就開始接觸英語，升到國中時，聽、說能力已有一定程度；但有些學生接觸英語的起步比較晚，從小缺乏學習英語的機會，這也是該校投入英語融入教學的初衷。校方希望透過英語融入音樂、表演藝術課程，讓孩子在較輕鬆、有趣的環境下，藉由看電影、唱主題曲等貼近學生的方式，加強英語聽、說能力。

古亭國中自 109 學年起推動雙語教育時，張靖苓就自願當開路先鋒，在她教授的音樂及表演藝術課開始小規模的試辦。校方行政團隊全力當老師的後盾，除了減輕老師的行政負擔，也協助購買所需的教材、教具，並協調她和夥伴老師共同備課的時段。110 學年度學校也申請通過相關計畫，持續辦理，擴大參與。

林泰安校長指出，該校近來發展跨領域美感的校本課程，英語融入課程也是其中重要的一環。校方為此成立跨領域社群，將音樂、英語、視覺藝術、社會等領域的老師及行政團隊都邀請進來，集思廣益、共同備課，校方全力支持，確保教學軟硬體等相關資源無虞。

此外，古亭國中自 106 學年度起，利用星期四第八節課，推動課後雙語課程，在校內英文教師的用心引導下，讓學生在多樣的英語情境中，學會活用英語，例如學習製作感恩樹及圖文繪本、如何在餐廳點菜，或點咖啡時，怎麼用英語表達半糖、不加奶精等常用語。

古亭國中七年級學生孫世安說，他從幼兒園時就開始學英語，平時也會唱英文歌。上雙語音樂課時，英語大概都聽得懂，歌詞出現沒教過的單字，也都會中英對照，可以應用在生活。孫世安觀察，班上八、九成學生都覺得上雙語音樂課沒問題，若有人聽不懂、不會唱或不會寫作業，同組的同學也會互相幫忙，不會覺得孤單。

Part Five

家庭裡能做的事

19 在日常生活裡 培養孩子的雙語力

　　想要提升雙語或英語能力，除了靠學校，在家庭為孩子建置可說英語的環境其實更為重要。但這是否代表一定要讀昂貴全美語幼兒園呢？以我的觀點與經驗，其實沒有迫切的需求非要從幼兒園階段就學習英語。

　　我的兩個女兒分別是國小二、三年級。我和妻子都是外文系畢業，也有英國留學經驗，我曾擔任過高中英語教師，太太目前為臺北市公立國中英語教師。我們的共識其實是，先讓小孩把中文學好比較重要。同時我們自己看過的研究報告顯示，提前學外語不代表往後一路都能領先。較早接觸也許在發音上、語感上比較好，但不代表英語能力就會比較突出。當初沒抽到公立幼兒園的兩個女兒，就念一般私立幼兒園，每星期只有一次由美語教師帶唱兒歌、唱唱跳跳，認得 26 個英語字母跟一些簡單的字彙，幼兒園並未另外多教什麼，我們也沒有刻意教孩子英語。

　　學外語是否越早越好？提早學是否就能一路領先？一直
是有爭議的迷思，學術界迄今仍無定論。目前的研究發現，早
學英語的孩子對發音掌握度可能比較精準，但不代表外語的精
熟度會隨之增加。除非長期提供學習環境、持續輸入，否則和
晚學的孩子相較，未來不見得有明顯差距。

　　以我自己為例，父親高職畢業、母親只有小學畢業，日據
時代出生的兩人都已八十幾歲，日語甚至比國語還要好，根本
不可能在家教小孩英語。不像北部學生從小就開始學英語，我
和多數土生土長的花蓮孩子一樣，都是進了國中後才接觸英
語。當時的英語課以應付紙筆測驗及升學考試為主，也沒有英
聽課，聽、說能力都很差。當時國一的我從 26 個英語字母學
起，起步比都會區的孩子晚。我在臺灣拿到碩士後，拿著教育
部的留學獎學金到英國攻讀博士，後來在英國及新加坡的大學
從事研究與教學工作。

給孩子持續語言使用的環境，比早點學更重要

　　我和妻子很少介入女兒的英語學習，加上家中沒裝設電

視，孩子平常接觸不到英語卡通或兒童節目。家裡雖有少量英語童書與繪本，但因幼兒園階段沒有強迫孩子認字，光看圖片理解有限，現在她們還是以看中文童書為主。直到大女兒上小學一年級，在學校的英語課紙筆測驗中只拿到七十幾分，我和妻子不免俗地抱持傳統華人家長的心態，開始思考是否孩子的英語學習遇到困難。進一步了解後，才發現教師並未要求孩子背單字，孩子因為字彙有限，成績當然不會太好。之後，我們開始要求孩子，學校教師教過的單字必須背起來。也因此我們開始教孩子唸這些單字、教導他們背單字的方法，但並未多教文法、句型，基本上一切都跟著學校教師的進度走。

　　家長若是希望孩子學好英語，我的建議是：提供孩子持續語言使用的環境。舉一個例子，我和太太以前在討論兩個女兒的管教問題時，例如她們吵架要怎麼處理，會刻意講英語，原意只是方便兩人溝通，而非刻意營造英語學習環境。女兒們起初很好奇爸媽談話的內容，但因為聽不懂，也沒有特別的反應。然而令我們意外的是，這樣的情況持續約半年後，她們竟然慢慢就聽懂了。雖然不一定清楚對話的具體內容，但知道爸媽在討論她們，偶爾會因此生氣，認為爸媽為何故意使用她們

聽不太懂的話。

這讓我很驚訝，也更堅信「環境」對推動雙語的重要性。學校或家庭裡若有讓孩子經常接觸英語的環境，時間久了孩子自然就會聽懂。如同我們在家學會國語、閩南語或客家話一樣。我們發現孩子開始聽懂我們講英語後，有時就會在日常對話中跟孩子講簡單的英語，例如請孩子拿某樣東西給你，可以說「Could you bring something to me?」或者想要孩子等我一下，就用「Wait for me.」當要制止孩子做某件事，就說「Stop it.」如果講太多孩子聽不懂的字，他們也會反彈，不妨多跟他們講些好玩、簡單的英語，而不是只命令他們做事。

該不該上全美語生活營？

我和太太都相信，語言環境需要長期而持續地建置。一種方式是每天都接觸一點；另一種方式就像我過去在英國的七年，很密集且持續的接觸。已經有許多研究證實：長期、浸潤的環境，能讓語言學習成效比較好。因此在 2021 年的寒假，我和太太首次嘗試送兩個女兒上全美語生活營，試驗一下我們

的想法。

　　寒假期間我因兼行政職仍要到學校上班，太太也要上輔導課，於是讓兩個女兒參加臺師大舉辦的全美生活營，上課地點就在我辦公室的同一排教室，方便接送。這個營隊每星期五天，從上午八點半到下午五點，從早到晚都不能講中文，包括大學生隊輔、授課的本國及外籍教師，在上課、玩遊戲、帶活動時也都講英語。第一天我還有點擔心，所以孩子回來後，我問她們聽不聽得懂。結果很意外，孩子說多數聽得懂。我推測原因，是這個營隊根據年級分班，不管隊輔或教師都有意識的盡量講孩子比較聽得懂的句子，再配合簡單的教材及圖片說明。例如提到梳子，會有圖片讓他們認，孩子比較能和英語連結。這也印證我的看法，雙語教育可以從操作性強，配合視覺輔助、聽覺輔助的學科開始做起，小孩比較容易理解。結果五天下來，在不同班的兩個女兒不但都適應得很好，還覺得很好玩，回家後，孩子之間也開始用一些英語對話，這就是環境。

　　不過，我提醒家長，英語雖是全球強勢語言，但千萬別太功利取向，讓孩子以為英語好就很了不起。不要把兩者綁在一起，將英語好壞當成判斷孩子價值的工具。所以我和太太教育

孩子的過程當中，都避免獨尊英語，只要孩子在學習表現上不離譜，我們不會介入太多。其實先把中文學好，將來在轉換雙語時，基礎也會比較好。

推動雙語時，固然希望孩子把英語學好，甚至進而讓語言變成一種資本，但另一方面還是要培養正確的國際觀。我曾聽聞有位高中教師提起，曾經帶學生到英國參訪，在某個城市有兩個小時讓學生自由活動。學生逛完回來，卻說「這邊的人英語都講得不標準」，因為學生從小學美式英語，眼中只有美式發音才是英語。這凸顯了一般民眾對英語的理解不夠寬廣、缺乏國際觀，不曉得英語有不同腔調。我們在推動雙語時，某種程度也該讓學生知道，英語不是只有一種腔調，美國、英國、紐澳都不一樣，如同臺語也有南腔北調。

20 如何在家中打造雙語環境？

　　想讓孩子成為雙語者，家長們也要和學校教職人員一樣，自己一定要敢講、多講。如果自己都不敢開口講英語，如何期待孩子講？家長不能總是仰賴學校一方去推動雙語。

　　學校是社會運作中的一個機制而已，家庭是另一個相當重要的機制。學校與家庭在孩子的學習過程中都扮演很重要的角色，若成人們都能做好的角色模範給孩子，更能提升雙語推動的成效。經濟能力好的家庭，包括讓孩子上美語安親班、補習、請家教等，都是提供了一個語言學習環境，沒什麼不好，但仍無法提供實際語言使用的環境，將英語變成習慣使用的語言。若是家中能持續營造雙語的互動環境，孩子會更願開口講英語。

　　在全英語的環境中「密集練習」，也有助提升孩子的英語能力。以我自己為例，當年念外文系，系上雖然有來自美、加的外籍教授，但學生只有上課時才說英語，下課仍說中文，接

觸英語的時間並不夠。大學四年下來，我英語雖然還可以、有進步，但也沒特別好。直到赴英國倫敦大學教育學院念完博士，畢業後又在另一所英國大學工作，整整在英國生活七年，和英國人密集互動，英語才有明顯進步。

送孩子遊學要浸潤學習才有用

當年，我下定決心要趁出國進修時學好英語，其實是受過去一位同儕的影響。這位同學從國立大學機械系畢業，退伍後就到美國加州念碩士。在他回國後的一次聚會上，我好奇問他，在美國待了兩年，英語應該大有進步吧？沒想到他尷尬的說「沒有」，因為加州華人多，加上校內很多臺灣留學生，平常講中文都可以。此外，由於念的是機械，和指導教授見面討論時都講簡單的英語，日常生活多和華人在一起，沒有太多講英語的機會。這個例子提醒我，既然花錢出國留學，總要把英語學好，不能整天和華人講中文。所以留學期間，我嘗試多和英國人互動，多體驗、了解在地文化。

在英國時，除了參與留學生常見的「語言交換」，利用教

英國人中文的機會和對方練習英語，也參加了英國為留學生設置的「Host UK」活動，由網站媒合寄宿在英國家庭。透過以英國退休人士為主的當地人安排下，體驗道地英國文化。而我則需用英語介紹臺灣、分享臺灣文化。當年雖有獎學金支應，但因倫敦消費水準太高，我只是個窮留學生，還是積極尋找校內工讀機會。其中某個學期初，我的工作便是帶領各國來的新生認識學校環境與設施，一邊賺工讀金，一邊練習英語口說。

所以若是家庭環境許可，我倒建議家長不如把補習英語的錢省下來，送孩子到國外，讓孩子有密集接觸英語的機會，這樣英語的進步應會更顯著。但要確保處於真正全英語的環境，減少和華人講中文的機會，才會有浸潤的效果。否則即使留學美國，英語也不見得有多大進步。

以身作則，親子一起用線上軟體學外語

孩子小的時候，我就給他們一個觀念：英語不會只有一種標準發音。你到美國、英國、新加坡、澳洲聽到的英語，往往都不一樣。尤其臺灣都是一面倒的教美式發音，有時孩子回

來，我會教她唸單字，有幾次孩子就告訴我，為何某個單字，我的唸法和學校教師不一樣？我跟她說，我在英國住了七年，唸的是英式發音，和學校教的美式發音不一樣，例如 answer 的 a 的發音，英式發音與美式發音就不同，不是對錯問題。孩子因為沒去過英國，起初不太能理解，但久了就慢慢能接受。

在孩子放假或表現不錯時，我讓她們用平板電腦上網看英國的兒童節目「Peppa Pig」（粉紅豬小妹，又稱「佩佩豬」），我就趁機告訴她們，裡面小豬講的英語就是英式發音，學校播的迪士尼卡通是標準的美式發音。過去臺灣媒體也曾報導過，美國家長讓孩子看「Peppa Pig」，發現女兒聽久了，就開始用英式發音講話。

我也讓女兒使用免費的語言線上軟體「Duolingo」，可上網學英、法、德、俄等幾十種外語。我先以身作則，用這個 App 學法文，教小孩在旁邊看，她們很好奇，也想用平板，我就說好，要求她們每天用 Duolingo 學二十分鐘英語，除了可以練習聽跟說。也有打字的練習。Duolingo 有經驗值分數，她們玩得很開心。Duolingo 在全世界有很多人使用，累積的大數據知道怎麼引導使用者，從基礎教起。在網路時代要學英

語實在很方便，家長不要只是花錢把孩子丟到補習班或找家教，如果也能扮演 role model，和孩子一起學外語、用雙語互動，效果會更好。

現在很多學校或家長鼓勵孩子參加各種英語檢定，若只是為了知道孩子的實力與程度，沒什麼不好。但若一窩蜂盲目的送孩子補習英檢，就恐揠苗助長。畢竟，臺灣很多學生就是因為考試挫敗，學英語的興趣從小就被扼殺，我們不應重蹈覆轍。家長要能理解，目前我們推動雙語教育主要目的不為考試，而在於提供語言使用的環境，讓孩子經常性、額外的多接觸兩種語言。進而將兩種語言都當成溝通的媒介工具，願意開口使用英語溝通。

雙語教育若能有效推動，讓孩子每天在校都能接觸兩種語言，雖然不像全美語生活營那麼密集接觸，但若家庭能配合，持續和孩子說簡單英語，孩子以後就更敢開口了。

附錄
臺灣近年雙語教育相關論文

王力億（2020）。雙語教育的師資先決與師培改革。《臺灣教育評論月刊》，9（10），31-36。

王俞蓓、林子斌（2021）。雙語教育的推行模式：從新加坡、加拿大的經驗反思臺灣雙語政策。《中等教育》，72（1），18-31。

王海秀（2021）。以雙語打開世界的窗口。《師友雙月刊》，626，64-69。

王淑玲（2021）。自然領域「水的變化」雙語授課概念與實踐。《師友雙月刊》，626，110-114。

田耐青（2020）。論國小雙語師資應有之教學知能。《臺灣教育評論月刊》，9(5)，51-56。

田耐青（2020）。論國中階段英語教師轉型雙語教師之在職培育。《臺灣教育評論月刊》，9（10），37-41。

田耐青（2021）。雙語教案中的教師指導暨學生互動用語（Language for learning）。《師友雙月刊》，626，78-82。

向天屏、王志勝、龔陽（2020）。雙語教育下小學漢字教學的挑戰與因應：澳門的研究發現與啟示。《臺灣教育評論月刊》，9（10），60-70。

何萬順（2020）。從「雙語國家」和「雙語教育」反思臺灣的語言價

值觀。《臺灣教育評論月刊》，9（10），1-7。

余曉雯（2018）。德國移民背景學生雙語教育之沿革與實踐。《課程與教學》，21（4），1-29。

吳巧雯、顏瓊雯、潘裕豐（2021）。國中語文資優生對雙語教育接受度與教學關係之研究。《中等教育》，72（1），82-99。

吳百玲（2019）。2030 打造臺灣成為雙語國家願景之我見。《臺灣教育評論月刊》，8（4），160-165。

吳佩珊、熊同鑫（2020）。雙語教育－參訪富山國小有感。《臺灣教育評論月刊》，9（10），56-59。

吳佩蓁（2012）。我在雙語部學到的事。《中等教育》，6（3），159-162。

吳俐璇（2021）。Let's start an interesting art class 北大高中國中部雙語視藝課。《師友雙月刊》，626，134-140。

吳彥慶、黃文定（2020）。從中學雙語師資培育經驗談臺灣雙語教學面臨的問題與因應之道。《臺灣教育評論月刊》，9（10），42-46。

吳英成（2010）。新加坡雙語教育政策的沿革與新機遇。《臺灣語文研究》，5（2），63-80。

吳英成、馮耀華（2017）。落地生根的胡姬花：新加坡華裔語言形態與身份認同解讀。《臺灣華語教學研究》，14，29-41。

呂妍慧、袁媛（2020）。數學雙語師資培育之實踐與省思。《臺灣教育評論月刊》，9（10），47-51。

宋明君（2020）。推行幼兒雙語教育所該考量的二三事。《臺灣教育評論月刊》，9（10），52-55。

宋明娟（2020）。雙語教育的議題：國際化、語言與價值、教育的起點。《臺灣教育評論月刊》，9（10），14-18。

李如蕙、曾志朗（2016）。雙語處理的腦神經理論：舊題新探。《語言暨語言學》，17（2），147-193。

李旻珊（2021）。建立以學生為中心、學以致用的雙語教學。《師友雙月刊》，626，164-168。

李振清（2021）。雙語教育政策之務實規劃思維與持續落實之配套。《教育研究月刊》，321，4-16。

杜光玉、馮曼琳、賀國英、林韻文、張育誠（2012）。行動雙語教室－數位媒體資訊融入體育課之實例探討。《嶺東學報》，32，101-111。

阮家慶（2021）。人工智慧在雙語教育的重要性。《臺灣教育》，727，53-64。

周婉玲（2020）。藝術雙語 4i 校園。《諮商與輔導》，420，ii。

延晶（2016）。新加坡雙語小學生的優勢語言。《華語文教學研究》，13（2），89-108。

林子斌（2019）。新加坡教育國際化的助力：雙語教育之發展與啟示。《教育研究月刊》，305，116-125。

林子斌（2020）。臺灣雙語教育的未來：本土模式之建構。《臺灣教育評論月刊》，9（10），8-13。

林子斌（2021a）。建構臺灣「沃土」雙語模式：中等教育階段的現狀與未來發展。《中等教育》，72（1），6-17。

林子斌（2021b）。臺灣本土雙語教育的推動：國中小可以怎麼做？《師友雙月刊》，626，58-63。

林子斌、吳巧雯（2021）。公立國民中學推動雙語教育之挑戰與回應：政策到實踐。《教育研究月刊》，321，30-42。

林子斌、黃家凱（2020）。反思雙語教育：從新加坡的雙語經驗看臺灣的政策與作法。《臺灣教育》，721，1-12。

林宇涵（2021）。以國際議題探究之雙語課程實踐。《師友雙月刊》，626，147-150。

林律君（2021）。培育「鏈結國際、肯定在地」的雙語教學教師。《師友雙月刊》，626，19-27。

林昱成、林沛穎（2013）。雙語字詞辨識：行為、發展、認知神經科學及特殊教育之整合性觀點。《特殊教育季刊》，127，23-31。

林慧麗（2011）。中英雙語者的空間用語與空間認知：眼動儀研究。《中華心理學刊》，53（3），309-322。

林慧麗（2011）。中英雙語者的空間用語與空間認知：眼動儀研究。《中華心理學刊》，53(3)，309-322。

邱華慧（2012）。兒童中英雙語能力與創造力之關係。《弘光人文社會學報》，15，1-20。

侯彥伶（2019）。臺灣英語力全球第 38 落後南韓、印度、菲律賓－雙語教育勢在必行 如何讓臺灣孩子對英語更「有感」？《禪天下》，177，20-27。

侯彥伶（2019）。跨領域師資結合 讓語言融入學科－面對 2030 晉身雙語國家 我們準備好了嗎？《禪天下》，177，28-33。

洪玉珊（2021）。雙語教學－讓語言成為工具。《師友雙月刊》，626，115-118。

洪榮昌（2019）。偏鄉小校落實雙語教學可行性策略之初探。《臺灣教育評論月刊》，8（9），82-85。

胡文聰（2021）。原住民重點學校實施雙語教學之淺見。《師友雙月刊》，626，89-94。

范莎惠（2020）。再思雙語教育。《臺灣教育評論月刊》，9（10），88-91。

師友雙月刊編輯部、鄒文莉（2021）。雙語教學的概念與實踐－成功大學鄒文莉教授專訪報導。《師友雙月刊》，626，6-13。

徐雅鐘（2021）。首逅雙語學分班 守候雙語齊心路。《師友雙月刊》，626，169-174。

徐雅鐘、莊國彰（2021）。臺北市雙語實驗課程學校推動歷程之分享－以三民國中為例。《中等教育》，72（1），103-109。

涂蕎俞（2020）。高雄市國小雙語教育執行與挑戰。《師友雙月刊》，622，106-114。

翁暄睿（2021）。教師雙語教學之專業發展。《師友雙月刊》，626，151-154。

高實玫（2021）。素養導向雙語課程設計及實例探索。《教育研究月刊》，321，59-77。

高櫻芳（2012）。臺灣雙語教育的探討。《教育研究論壇》，4(1)，147-163。

張玉芳（2011）。雙語學童中、英文閱讀理解與寫作能力之相關性探討。《英語教學期刊》，35（4），91-132。

張玉芳（2013）。臺灣接受沉浸式雙語教育之學童的國語文能力探究。《國民教育》，5（5），89-100。

張玉芳（2020）。淺談 2030 雙語國家政策。《臺灣教育評論月刊》，9（10），19-21。

張再興（2021）。雙語教學進行式－誠正雙語 ing。《中等教育》，72（1），110-112。

張秀娟、陳易芬（2020）。跨語言實踐在國小雙語教學實施的可能性探討。《臺灣教育評論月刊》，9（12），69-75。

張苾、胡潔芳、陳俊光（2013）。英漢雙語學童聲韻覺識及構詞覺識與英漢認字能力之相關研究。《教育心理學報》，45（2），201-219。

張學謙（2016）。從單語到雙語教學：語碼轉換在語言教育的運用。《臺灣語文研究》，11（1），1-25。

許家菁（2019）。從十二年國教英語領綱淺談雙語教育的可能性。《臺灣教育評論月刊》，8（9），76-81。

陳志銳（2013）。從雙語到雙文化：新加坡的華英雙語詩歌。《中國現代文學》，23，111-131。

陳昭勛（2021）。莎莉的瘋狂雙語世界。《師友雙月刊》，626，125-133。

陳美如、曾莉婷（2020）。雙語教育－認同、策略與人才培育。《臺灣教育》，721，13-24。

陳美瑩（2020）。反負為正？由隱性雙族裔民族談雙語及多語教育。《臺灣教育》，721，25-33。

陳浩然（2021）。雙語教育實踐探究「真實世界」雙語協同教學策略聯盟。《中等教育》，72（1），69-81。

陳純音、林慶隆（2021）。雙語教學的光譜與對策。《教育研究月刊》，321，43-58。

陳清義（2021）。美國德州休士頓雙語教學學校見聞與省思。《師友雙月刊》，626，83-88。

陳貴馨（2021）。我所看見的臺北市國中雙語教學推動。《中等教育》，72（1），100-102。

陳超明（2021）。雙語教育如何前進？《師友雙月刊》，626，28-33。

彭妮絲（2011）。以雙語合作統整閱讀理解模式為基礎之華語文讀寫教學研究。《臺北市立教育大學學報》，教育類，42（2），189-217。

閔柏惠（2021）。國際午餐 雙語實踐。《師友雙月刊》，626，119。

黃彥文（2021）。體現「在地全球化」精神：論中小學「國際教育2.0」與「雙語課程」接軌的問題與展望。《臺灣教育評論月刊》，10（2），5-11。

黃家凱（2021）。邁向 2030 雙語國家之路：政策社會學之觀點分析。《中等教育》，72（1），32-47。

楊瑞濱（2021）。臺北市推動國中小雙語教育之有效行政支持。《師友雙月刊》，626，50-57。

葉珍玲（2021）。法國阿爾薩斯雙語教育之發展與借鑑。《教育研究月刊》，321，98-111。

鄒文莉（2020）。臺灣雙語教育師資培訓。《師友雙月刊》，622，30-40。

鄒文莉（2021）。臺灣雙語教育之全球在地化思維：學術面與實踐面的反思與啟示。《教育研究月刊》，321，17-29。

廖人鉉（2021）。From a starter to a skilled CLIL practitioner 一位英語教師的雙語教學成長歷程。《師友雙月刊》，626，159-163。

廖偉民（2020）。2020 年臺灣公立國小推展雙語教育之探討。《臺灣教育評論月刊》，9（9），90-96。

劉欣旻、鄭涵予（2019）。探究學科內容與語言整合教學能力：CLIL教師專業能力分析。《學校行政》，122，141-153。

劉述懿、吳國誠（2021）。臺北市雙語教學概念與實踐。《師友雙月刊》，626，43-49。

盧柏安（2021）。雙語教育政策推動的契機：以新北市國小為例。《師友雙月刊》，626，34-42。

鍾鎮城（2013）。中介語理論典範與語言事實：華語雙語習得規劃觀點的檢驗。《臺北教育大學語文集刊》，24，1-37。

簡雅臻（2021）。啟發學童探究思考的雙語教育課程設計。《師友雙月刊》，626，70-77。

羅文杏（2021）。在臺灣國小實施雙語教學所面臨的挑戰及教師專業發展之可行建議。《教育研究月刊》，321，78-97。

嚴愛群（2021）。這些年，我們做過的雙語計畫。《師友雙月刊》，626，14-18。

雙語教育
破除考科思維的 20 堂雙語課

作者｜林子斌
採訪撰述｜張錦弘
責任編輯｜王慧雲、陳珮雯
校對｜魏秋綢
封面設計｜張士勇
內頁排版｜賴姵伶
行銷企劃｜蔡晨欣

天下雜誌群創辦人｜殷允芃
董事長兼執行長｜何琦瑜
媒體暨產品事業群
總經理｜游玉雪
副總經理｜林彥傑
總監｜李佩芬
行銷總監｜林育菁
版權主任｜何晨瑋、黃微真

出版者｜親子天下股份有限公司
地址｜台北市 104 建國北路一段 96 號 4 樓
電話｜(02)2509-2800　傳真｜(02)2509-2462
網址｜www.parenting.com.tw
讀者服務專線｜(02)2662-0332　週一～週五 09:00~17:30
讀者服務傳真｜(02)2662-6048
客服信箱｜parenting@cw.com.tw
法律顧問｜台英國際商務法律事務所・羅明通律師
製版印刷｜中原造像股份有限公司
總經銷｜大和圖書有限公司　電話｜(02)8990-2588

出版日期｜2021 年 7 月第一版第一次印行
　　　　　2023 年 7 月第一版第八次印行
定價｜380 元
書號｜BKEE0225P
ISBN｜978-626-305-037-2（平裝）

國家圖書館出版品預行編目 (CIP) 資料

雙語教育：破除考科思維的 20 堂雙語課 / 林子
斌著；張錦弘採訪撰述 . -- 初版 . -- 臺北市：親子
天下股份有限公司 , 2021.07
面；　公分 . -- (學習與教育；225)

ISBN 978-626-305-037-2(平裝)

1. 雙語教育 2. 師資培育 3. 中小學教育

524.38　　　　　　　　　　　　110010084

訂購服務
親子天下 Shopping｜shopping.parenting.com.tw
海外・大量訂購｜parenting@cw.com.tw
書香花園｜台北市建國北路二段 6 巷 11 號
電話｜(02)2506-1635
劃撥帳號｜50331356 親子天下股份有限公司

立即購買 >